大坂城と大坂の陣

――その史実・伝承

大阪城天守閣館長
北川　央　著

目次

豊臣家の最期

今も残る秀頼の薩摩落ち伝説

話題の映画『プリンセス　トヨトミ』が五月二十八日から公開されている。直木賞候補にもなった万城目《まきめ》学《まなぶ》さんの同名小説を映画化したもので、私は歴史監修という立場でこの映画にかかわった。

いかにも万城目作品らしく、空堀商店街から大阪城一帯を舞台に奇想天外な物語が展開するのであるが、そこでは豊臣家の血が大坂夏の陣でも断絶せず、現代社会に末裔《まつえい》が生き残っているという設定になっている。

では、実際のところはどうなのであろうか?

大阪城天守閣北側の山里丸に、「豊臣秀頼・淀殿ら自刃の地」と刻まれた石碑が立つ。夏の陣最後の決戦に敗れた秀頼は、慶長二十年（一六一五）五月八日、この付近の櫓《やぐら》で、母淀殿や近臣らとともに自害し、豊臣家は滅亡した。

けれども、これで豊臣家の血が途絶えたわけではない。秀頼には側室との間に子があり、五月十二日には七歳になる女児が捕えられた。二十一日にはその兄で当時八歳の国松

も捕えられ、二日後に京都の六条河原で斬首された。女児の方は、徳川家康の孫娘で、秀頼の正室であった千姫の嘆願によって助命され、鎌倉の東慶寺に入って「天秀尼《てんしゅうに》」という尼になり、正保二年（一六四五）二月七日に三十七歳でこの世を去った。

多くの史料が、秀頼の子はこの二人としているが、『本朝高僧伝』などによると、浄土宗の高僧・求厭《ぐえん》は、自ら国松の弟であると語り、あろうことか、家康の菩提寺・増上寺で、日夜、亡父秀頼の菩提を弔っていたと告白している。

ところで、上方講談などでは、秀頼は夏の陣では死なず、無事に大坂城を脱出して、薩摩に落ち延びたと語られる。豊臣贔屓《びいき》の講釈師あたりが言い出した嘘八百かと思いきや、この「秀頼の薩摩落ち」、実は夏の陣直後からまことしやかに語られてきたことが確認される。実際江戸時代には、薩摩に秀頼の末裔を名乗る家があって、秀頼の遺品なるものを伝えていたことも知られ、鹿児島市には現在も秀頼の墓と伝える石塔が残される。

また、『老談一言記』によると、秀頼は薩摩ではなく、肥後に落ち、そこで妻を娶《めと》って一男一女をなし、弟が薩摩に移ったのに対し、姉はのちに肥後の領主となった細川家の家老有吉家の室になったと伝え、熊本市の有吉家墓所には、この秀頼息女の墓がある。彼女の生んだ男児が有吉家の家督を継ぎ、同家では今も秀頼以来の血の継承を確信する。

各地で多くの人々が豊臣家の存続を願い、語り継いできた。

（平成23年6月11日掲載）

大阪城天守閣北側の山里丸に立つ「豊臣秀頼・淀殿ら自刃の地」の石碑

豊臣秀頼の実像

徳川家をしのぐ摂関家の当主

大阪市中央区玉造二丁目に鎮座する玉造稲荷神社は、古くから大坂城の鎮守とされ、慶長八年（一六〇三）には、ときの大坂城主豊臣秀頼が再興し、その際に建てられた同年三月吉日銘の石鳥居が現存する。また、境内には秀頼の胞衣《えな》を埋めた胞衣塚大明神も祀《まつ》られる。胞衣とは、胎児を包んだ卵膜・胎盤のことで、赤児《あかご》の分身、霊魂の一部と考えられ、大切に埋められた。

さて、この秀頼、一般には、勝気な母淀殿に対して、情けないマザコン男というイメージを持たれている。京都・養源院に伝来する、瓜実顔《うりざねがお》で線の細い少年画像もひ弱なイメージにいっそうの拍車をかける。

けれども、実際の秀頼は、「大兵にて御丈《おんたけ》六尺五寸余り」（『明良洪範』）、「世に無き御太り」（『長澤聞書』）などと記されるように、超のつく巨大漢であったらしい。

だからといって、立派な人物だったとはいえないが、その点についても、秀頼は天下人二世として幼少の頃からさまざまな教養を身につけ、帝王学を学んでいたから、『明良洪範』

などは「カシコキ人ナリ、中々人ノ下知《げち》ナト請《うく》ヘキ様子ニアラス」（たいへん賢い人なので、他人の臣下となってその命令に従うような人物ではない）と記している。

秀頼は、関ヶ原合戦後、摂津・河内・和泉三ヵ国を領する六十五万石余の一大名に転落したといわれる。けれど、これまた疑問がある。

史料が乏しいため、秀頼所領の全貌を復元することは難しいが、わずかに残された史料からでも、秀頼の領地が摂・河・泉をはるかに越えて、山城・大和・近江・伊勢・美濃・丹波・備中・讃岐・伊予にまで広がっていたことが確認される。

また、東は信濃の善光寺から西は出雲大社まで、秀頼は百ヵ所以上の寺社を復興したが、その際、現地の大名を奉行に任命している。

年始・歳末や端午《たんご》・八朔《はっさく》・重陽《ちょうよう》などの節句には、

全国各地の大名から秀頼に祝儀が届けられ、毎年年頭には、勅使以下、親王・門跡《もんぜき》・公家が残らず大坂城に下向して秀頼に年賀の礼を述べた。

豊臣秀頼の胞衣を祀る「胞衣塚大明神」

これら全ての事象が、秀頼が決して一大名などではなかったことを証している。

実は、豊臣秀吉の代に武家の家格が公家のそれにならって定められ、豊臣家は摂関家となり、徳川家や前田家・毛利家など五大老の家は一段低い清華家《せいがけ》に位置付けられた。この家格は徳川家康が将軍になって以降もいまだ有効で、秀頼は摂関家の当主であり、将来の関白の有力候補だったのである。

まもなく二〇一四・一五年には大坂の陣から四〇〇年を迎える。この機会に秀頼の実像を多くの人に伝えたい。

（平成23年7月9日掲載）

妖怪巣食う城

怪物の正体、徳川側の罪悪感

豊臣秀吉が築いた大坂城は、慶長二十年（一六一五）五月七日、大坂夏の陣最後の決戦で落城した。

四年後、徳川幕府の二代将軍秀忠が、大坂城再築の命を発し、北国・西国の大名六四家が動員され、「天下普請《てんかぶしん》」で工事が行われた。このとき豊臣大坂城は地中深くに埋められ、その上にまったく新たな徳川大坂城が完成した。

この徳川大坂城は幕府の西日本支配の拠点と位置付けられ、最高責任者である大坂城代には譜代大名が家族・家臣団をともなって着任し、副城代である定番《じょうばん》にも同様に二人の譜代大名が着任した。旗本衆で構成される幕府正規軍の大番《おおばん》も一二組の内二組が大坂城に常駐し、その加勢である加番《かばん》には譜代大名四人がそれぞれ家臣団を率いて着任した。

西国の有事に備えて、大坂城には常にこれだけの軍事力が配備されていたのであり、他に船手（水軍）もあり、東・西の町奉行所や三ヵ所の代官所、さらには諸藩の大坂屋敷（蔵屋敷）に詰める武士たちもいたから、江戸時代の大坂にいた武士は相当数にのぼり、一般

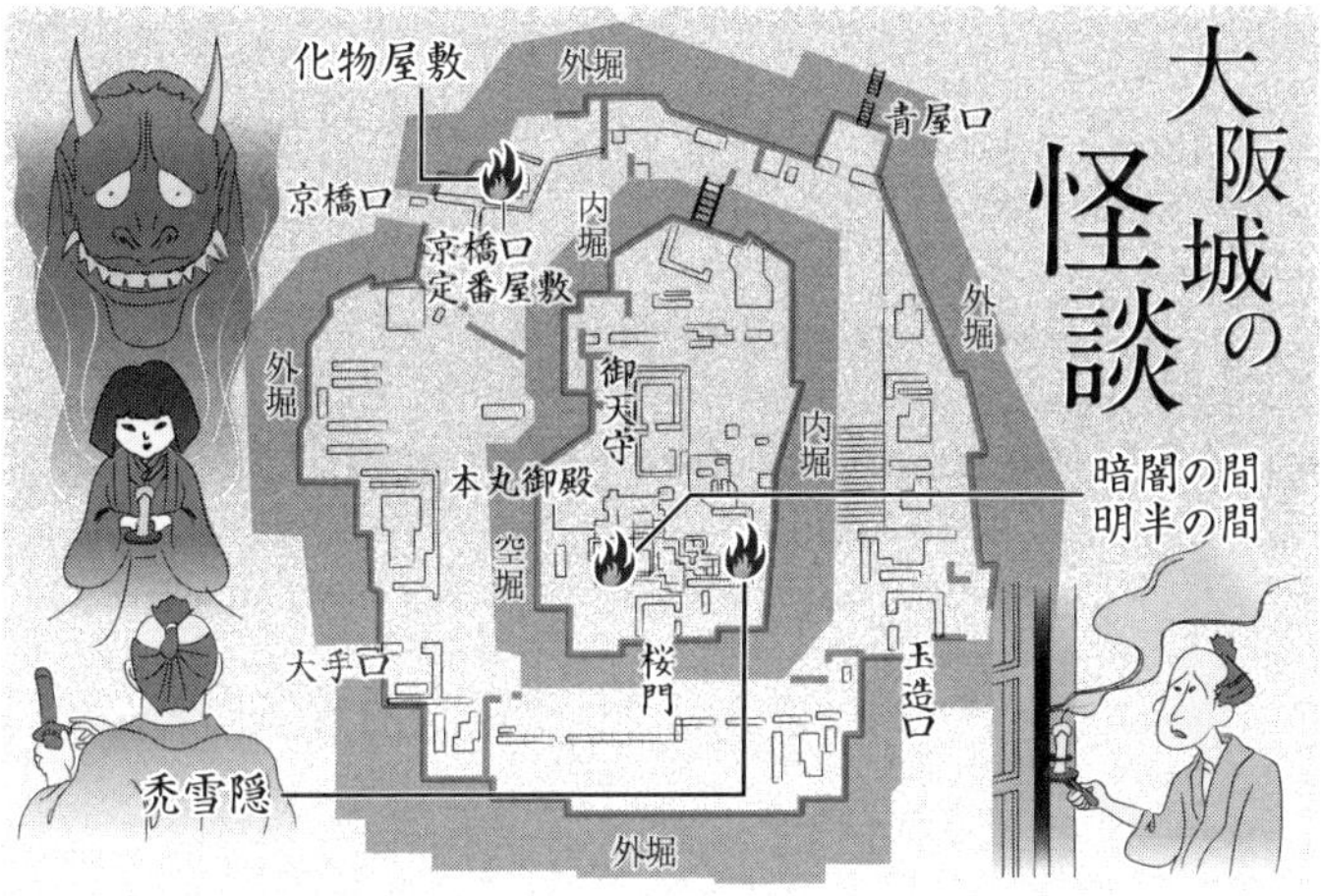

にいわれる五〇〇人程度といった認識はとんでもない誤りである。

ところで、大坂城に赴任した大名・旗本の間では、多くの怪談話が盛んに語られた。禿《かむろ》姿（おかっぱ頭）をした女児の妖怪が現われる「禿雪隠《せっちん》」、その上で眠ると夜叉《やしゃ》のような老婆が銀髪を振り乱して襲いかかってくる「婆々《ばばあ》畳《だたみ》」、巨漢山伏の妖怪が現われる「誰も寝ざる寝所」、大坂夏の陣で自害した女性たちの成仏できぬ幽魂がさまよう「明けずの間」など、枚挙に暇がない。

西大番頭《にしおおばんがしら》の屋敷には豊臣秀頼の幽霊が現われ、本丸南側の空堀では豊臣方将兵の妄念が火となって漂い、夜になると多くの兵士の争う声や馬のいななきが城内に響きわたったという。きわめつけは馬のように巨大な狐の妖怪で、京橋口定番の戸田忠囿《ただその》が、激闘の末、自らも傷を負いながら退治したが、その場所は江戸時代を通じて空き屋敷として放置され、絵図にも「化物《ばけもの》屋敷」「妖化《ようげ》屋敷」と表記された。

豊臣秀頼の亡霊が現れたとされる西大番頭屋敷跡に建つ大阪城公園詰所

慶長三年（一五九八）、豊臣秀吉は死に臨んで、幼い秀頼の将来を心配し、五大老の面々に何度も繰り返して秀頼のことを頼んだが、その筆頭たる徳川家康が秀吉の願いをあっさり反故《ほご》にして、政権を簒奪《さんだつ》し、豊臣家を滅亡にまで追い込んだ。

徳川家の家臣たる譜代大名や旗本はその後ろめたさを共有していたからこそ、大坂城に豊臣家の亡霊を見たのであろう。江戸時代の大坂城に巣くった怪物たちの正体は、彼らの心中深くにある罪悪感だったに違いない。

（平成23年8月6日掲載）

神になった秀吉

昭和36年、350年ぶり城に帰還する

慶長三年（一五九八）八月十八日、豊臣秀吉は伏見城で六十二年におよぶ波瀾《はらん》万丈の生涯を終えた。死に際して秀吉は、自らの神格化を希望した。翌慶長四年四月十七日、朝廷から「豊国大明神《とよくにだいみょうじん》」の神号宣下《せんげ》があり、翌日、京都・東山の阿弥陀峯《あみだがみね》の麓に造営された壮大華麗な社殿に正遷宮《しょうせんぐう》が執《と》り行なわれて、秀吉は神になった。

秀吉を祀《まつ》る豊国社は、この京都の本社以外に、各地の大名領内や秀頼復興寺社の境内など、全国に分霊が勧請《かんじょう》され、多くの分社が成立した。慶長十八年二月には秀頼自ら大坂城内の山里丸に豊国社を勧請している。

ところが、慶長二十年（＝元和元年）五月に大坂夏の陣で豊臣家が滅ぶと、徳川家康は秀吉から「豊国大明神」の神号を剥奪し、以後は仏式で供養するようにと命じた。各地の豊国社は廃社の憂《う》き目を見、京都の本社についても、家康は破却の命を下したが、秀吉正室・高台院（北政所）の嘆願が認められ、社殿は崩れ次第に放置されることになった。

この「豊国大明神」が正式に復活を遂げるのは慶応四年（＝明治元年、一八六八）に行

われた明治天皇大阪行幸の際で、大阪城外近傍の地を選んで復興すべし、との沙汰書が出された。いくつかの候補地が挙がったものの、なかなか決定に至らず、そうこうしている内に、明治七年、京都市民から、豊国社はもともと京都に鎮座したのであるから、京都に再興すべきであるとの訴えがなされた。豊国社復興をめぐって大阪と京都の対立が表面化したが、結局、京都に本社を、大阪には分社を建立することで決着がついた。

京都の本社は、方広寺大仏殿の跡地に明治十三年九月に創建された。荒れ放題になっていた阿弥陀峯山頂の秀吉廟墓（豊国廟）も明治三十一年の豊太閤三百年祭に向けてようやく整備が進められ、高さ約十m

の巨大な五輪塔が建立されたが、工事の最中、明治三十年四月に備前焼の大壺に入った秀吉の遺骸が発見されている。極秘裡《り》に処理され、当時は公表されなかったが、遺骸は趺坐《ふざ》して手を組み、西を向いていたそうである。

豊臣秀吉、秀頼、秀長を奉祀する豊国神社。昭和 36 年に中之島より奉還された

さて、大阪分社の方は本社に先立つ明治十二年十一月に成立した。当初は中之島一丁目の山崎の鼻（現、大阪市中央公会堂）に創建されたが、大正元年に社地を少し西に移した（現、大阪市役所）。同十年には本社から独立し、京都の「とよくに」神社に対して、「ほうこく」神社を称するようになった。そして戦後、昭和三十六年に大阪市役所の用地拡張にともない、大阪城二の丸の現社地に遷座した。

大坂夏の陣で山里丸の豊国社が焼亡して以来およそ三五〇年ぶりに、「豊国大明神」が大阪城に帰還を果たしたのである。

（平成23年9月10日掲載）

秀吉・秀頼の怨霊

徳川再興の城、落雷で大爆発

豊臣秀吉築造の大坂城は、慶長二十年（＝元和元年、一六一五）五月七日に大坂夏の陣で落城したが、元和五年には二代将軍徳川秀忠が大坂城再築の命を発し、寛永六年（一六二九）、全く新たな大坂城が完成した。

この徳川大坂城は幕府の西日本支配の拠点と位置付けられ、西国での有事に備えて、多数の武器・武具とともに、膨大な量の火薬が保管されたが、その青屋口の焔硝蔵《えんしょうぐら》に、万治三年（一六六〇）六月十八日、雷が落ち、凄《すさ》まじい大爆発が起こった。天守・本丸御殿をはじめ、大坂城の多くの建物や石垣に甚大な被害が出、大坂市中でも一四八一軒の家屋が倒壊した。青屋口の石垣に使われていた大きな石がいくつも大手門近くに落下し、爆発で破壊された青屋口の引橋《ひきばし》（算盤橋《そろばんばし》）の用材が天満の町や備前島にまで飛び、直撃を受けた子供が即死した。青屋門の扉にいたっては、生駒山の暗峠《くらがりとうげ》まで飛んだのであるから、想像を絶する大爆発であったが、十八日は秀吉の命日であったため、もっぱら秀吉怨霊《おんりょう》の仕業と噂された。

二年後の寛文二年（一六六二）五月一日には畿内を大地震が襲い、これについても「今度の地震、豊国大明神《とよくにだいみょうじん》の祟り」（『忠利宿禰記』）と語られた。

さらに三年後、寛文五年正月二日には落雷で大坂城の天守が全焼した。やはり秀吉怨霊の祟りとされたから、江戸時代、大坂城に着任した譜代大名や旗本たちが豊臣家の怨霊を極度に怖れたのも無理はない。

豊臣秀頼についても、父秀吉同様、怨霊になったと認識されていたことが確認される。

秀頼の正室であった千姫は徳川秀忠の長女で、大坂夏の陣での落城の折、城外に出され、翌元和二年に伊勢・桑名城主である本多忠政の嫡子・忠刻《ただとき》に再嫁した。翌三年、本多家は大幅な加増を受けて、姫路城に転封となり、四年に長女勝姫、五年には嫡男幸千代が生まれるなど、千姫は幸せな結婚生活を満喫した。ところが、元和七年に幸千代がわずか三歳で夭逝《ようせい》。その後も千姫は流産を繰り返した。不安になった千姫が占ってもらったところ、秀頼の祟りであるとの結果が出たため、千姫は伊勢内宮・慶光院の尼上人に頼んで秀頼鎮魂の願文を書いてもらい、秀頼自筆の六字名号（南無阿弥陀仏の六文字）とともに、聖観音像の胎内に納めた。元和九年九月のことである。ところが、その甲斐なく、今度は夫・忠刻が寛永三年（一六二六）五月七日に、三十一歳の若さでこの世を去った。五月七日は豊臣大坂城落城の日。千姫は秀頼怨念のあまりの凄まじさに震え上がったに違いない。

西の丸に現存する焔硝蔵。大爆発に懲りた幕府は、新たに総石造りの焔硝蔵を建てた

再び寡婦《かふ》となった千姫は江戸に戻り、落飾して「天樹院《てんじゅいん》」と号し、鎌倉・東慶寺で心静かに父秀頼の菩提を弔う天秀尼《てんしゅうに》（側室が生んだ秀頼の娘）と交流を深めるようになった。

（平成23年10月1日掲載）

天守閣の色

「豊臣」「徳川」めぐり臆説横行

現在の大阪城天守閣が復興されて、この十一月七日で八十周年を迎える。

昭和三年二月の大阪市会で、当時の関一《せきはじめ》市長が秀吉時代の天守閣復興を提案し、満場一致で可決され、全額大阪市民の寄付金により、昭和六年十一月七日に現在の天守閣が竣工《しゅんこう》した。

豊臣時代、徳川時代に次いで三代目となるこの天守閣は、当時の最新技術を駆使して鉄骨鉄筋コンクリート製で建設された。設計の責任者は当時、大阪市土木部建築課長だった建築家の波江悌夫《なみえやすお》氏（一八八五〜一九六五）で、古典建築に造詣の深い古川重春《ふるかわしげはる》氏（一八八二〜一九六三）が嘱託職員として迎えられ、設計実務を担当した。

波江氏は、元福岡藩主・黒田侯爵家所蔵の「大坂夏の陣図屏風《びょうぶ》」（現在は大阪城天守閣蔵。重要文化財）に描かれた天守の外観復元を構想し、古川氏はそれを実現すべく、全国各地に残る桃山期の城郭建築を訪ね歩き、調査・研究を重ねて、設計図を完成させた。

この図をもとに天守閣が復興されたわけであるが、「大坂夏の陣図屏風」の天守は五層

全ての外壁が黒塗であるのに対して、復興天守閣は最上層のみが黒く、他は白壁であることが大きな特徴となっている。

ところで近年、この復興天守閣について、「天守台の石垣が徳川幕府製であることを承知しながら、大胆にも、その上に豊臣時代の天守閣を復元した」とか、壁の色も、「大坂城には歴史的に豊臣時代と徳川時代の二つの天守があったので、豊臣天守の黒色と徳川天守の白色を折衷し表現した」などと、誤った説が世の中に横行している。

豊臣大坂城と徳川大坂城が全くの別物で、現在の大阪城の石垣が全て徳川製であることが判明するのは昭和三十四年の大坂城総合学術調査以降のことであり、昭和六年の時点では、大坂夏の陣で建物は焼失したものの、石垣などは秀吉以来のものがそのまま残っていると考えられていた。だから、その上に豊臣時代の天守閣を復興することに誰も何の違和感も覚えなかった。

また、学究肌の古川氏は、ただ一点、自身の考案した桃山様式の鯱《しゃち》の図案が採用されず、鯱が江戸時代風になってしまうことに堪え切れず、大阪市を退職した。この事実ひとつをとっても、豊臣・徳川の折衷案など、考えられもしなかったことがよくわかる。それほどに古川氏は、豊臣時代の天守再現に情熱を注いだ。にもかかわらず、「人坂夏の陣図屏風」に描かれた天守と復興天守閣の外壁は異なるのである。

復興から 80 周年を迎えた大阪城の天守閣

平成十八年にオーストリアのエッゲンベルグ城で豊臣時代の大坂城と城下町を描いた屏風絵が発見された。大きな話題となったが、そこに描かれた天守の壁が、最上層だけが黒で、他は白壁だったことにどれほどの人が注目したであろうか。古川氏の設計には、調査・研究に基づく、彼なりの考えがあったに違いない。

（平成23年11月5日掲載）

真田幸村の最期

影武者、薩摩落ちの異説も…

大阪城天守閣は、真田幸村（信繁）のとりもつ歴史的縁《えにし》により、長野県の上田城と友好城郭提携を結んでいる。

上田城は、幸村の父・真田昌幸が天正十一年（一五八三）に築城を始めた城で、同十三年、昌幸はここに二千弱の兵で徳川家康の軍勢七千余を迎え撃ち、見事これを撃退した。

慶長五年（一六〇〇）の関ヶ原合戦の際には、昌幸の長男信幸（信之）が家康率いる東軍に与《くみ》したのに対し、昌幸と次男幸村は石田三成方西軍に味方して、中山道を西上する家康の嫡男・徳川秀忠の大軍三万八千余に、わずか三千の兵で戦いを挑み、秀忠軍を手玉にとって、関ヶ原の決戦に遅参させた。

けれども、関ヶ原合戦そのものは東軍が大勝利を収め、昌幸・幸村親子は信幸の歎願《たんがん》によって助命されたものの、高野山へ配流となり、やがて麓の九度山《くどやま》に移った。昌幸は、慶長十六年に失意のうちに波瀾《はらん》万丈の生涯を終えるが、幸村の方は、同十九年に大坂冬の陣が勃発するや、豊臣秀頼の招きに応じ、九度山を脱出して勇躍大坂入城を果たした。大坂

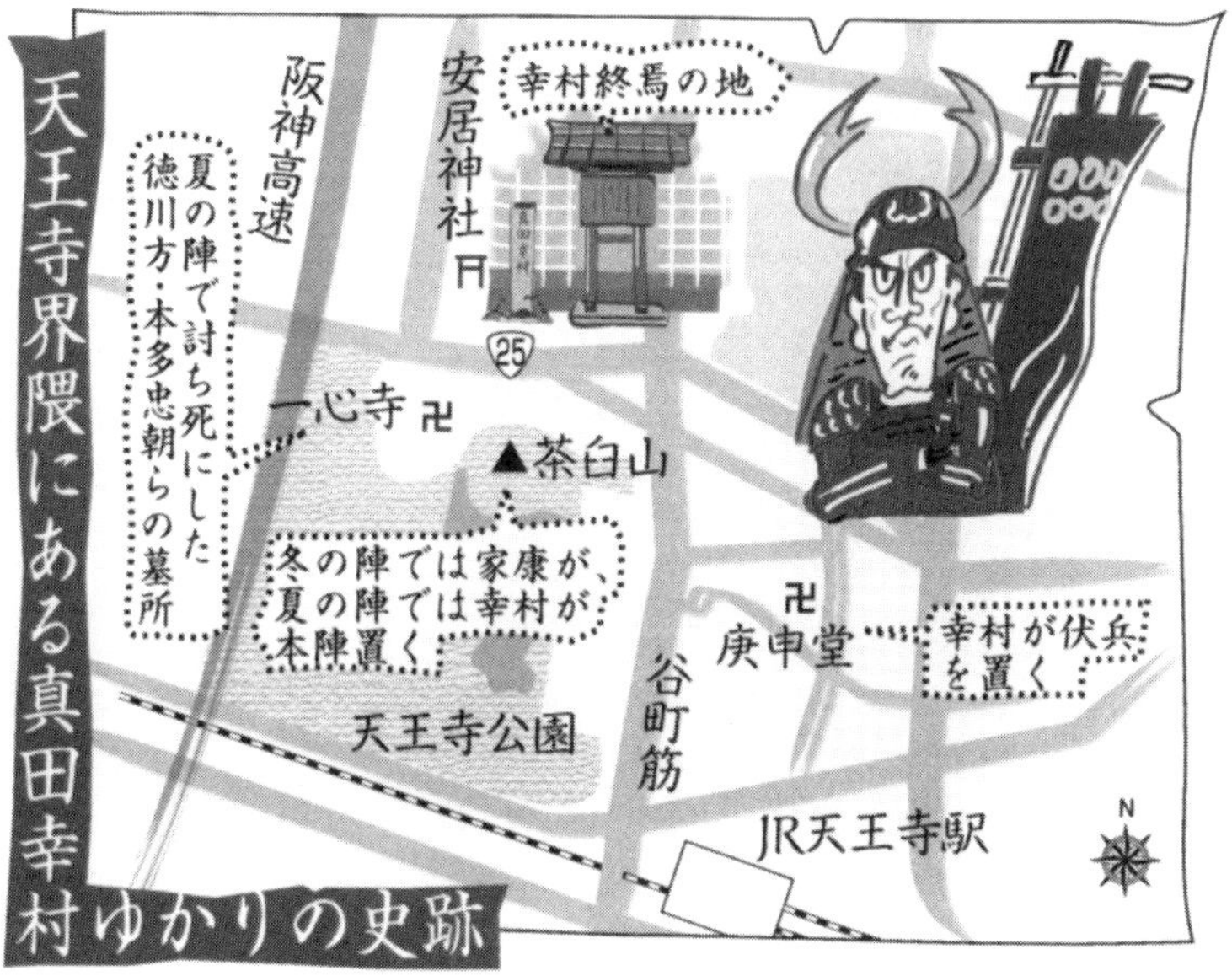

城の弱点とされる南側に、新たに出丸（真田丸）を築き、同年十二月四日に行われたこの出丸をめぐる攻防戦では、またしても徳川方の大軍を散々に破った。

　翌年五月七日の大坂夏の陣最後の決戦では、ここかしこに「真田左衛門佐《さえもんのすけ》（幸村）」を名乗る武将が現れ、徳川勢を惑乱する中、幸村自身は家康本陣に突っ込み、あと一歩のところまで家康を追い込んだが、精根尽き果て、田の畔《あぜ》に腰を下ろしているところを、越前藩・松平忠直隊の鉄砲足軽頭・西尾久作（仁左衛門）に首をとられた（『慶長見聞書』）。

　この幸村最期の地を「安居《やすい》の天神の下」と伝えるのは『大坂御陣覚書』であるが、『銕醤塵芥抄』によると、陣後の首実検には幸村の兜首《かぶとくび》が三つも出てきたが、西尾久作のとったものだけが、兜に「真田左衛門佐」の名だけでなく、六文銭の家紋もあったので、西尾のとった首が本物とされたという。

しかし、『真武内伝追加』によると、実は西尾のものも影武者望月宇右衛門の首であったとのことで、西尾の主人・松平忠直は将軍秀忠の兄秀康の嫡男であり、その忠直が幸村の首と主張する以上、将軍にも遠慮があって、否定することはできなかったと記している。

豊臣秀頼の薩摩落ちを伝える『採要録』は、秀頼とともに真田幸村や木村重成も落ち延びたと記し、幸村は山伏姿に身をやつして、頴娃《えの》郡の浄門ヶ嶽の麓に住んだという。

幸村の兄・信幸の子孫である信濃国松代《まつしろ》藩主の真田幸貫《ゆきつら》は、この異説について調査を行い、その結果報告を見せてもらった肥前国平戸の前藩主・松浦静山は、「これに拠《よ》れば、幸村大坂に戦死せしには非ず」と、薩摩落ちを肯定する感想を述べている（『甲子夜話続編』）。

安居神社に立つ「真田幸村戦殁地」の石碑。慶長20年は改元されて元和元年となった

鹿児島県南九州市頴娃《えい》町には幸村の墓と伝える古い石塔があり、その地名「雪丸《ゆんまい》」は「幸村」の名に由来するという。

（平成23年12月3日掲載）

柴田勝家・お市の墓

大坂に住んだ子孫・徳翁が建立

天正十年（一五八二）六月二日に京都・本能寺で織田信長が非業の死を遂げ、同月十三日の山崎合戦で羽柴秀吉が明智光秀を破って主君の仇《あだ》を報じると、信長後継者の候補は、秀吉と織田家随一の宿老・柴田勝家の二人に絞られ、両者の対立が激化した。結局、翌年四月二十一日の賤《しず》ケ《が》岳《たけ》合戦で両者は雌雄を決し、秀吉が勝利した。敗れた勝家は居城・北ノ庄城（福井市）に戻り、同月二十四日、妻・お市の方とともに自害し果てた。

勝家とお市の墓は、福井市左内町の西光寺境内にあるが、そこには「柴田勝家墳」（正面）、「奉献　瑞垣《みずがき》等　大坂・柴田徳翁」（右面）、「文政九丙戌年七月　當山廿六世真法上人代」（左面）と刻まれた石碑が立ち、勝家らの墓所を囲う瑞垣は大坂の柴田徳翁なる人物によって、文政九年（一八二六）に整備されたことが知られる。

この柴田徳翁については、『浪華百事談』に「柴田勝家の孫なりと云ふ家」という項があり、「白粉《おしろい》商高松長左衛門の宅に対《むか》ふ家は、竜眼肉円《りゅうがんにくえん》といへるねり薬を商ふ家にて、柴田徳翁と云《いう》旧家なり。是勝家が裔孫《えいそん》なりと世人いひ伝へり。尤も家の紋は雁《かり》がねにて勝家の紋と

おなじ。されど虚実未だ余は聞とらず」と記される。

柴田徳翁は大坂の医家で、彼の調合する「人参《にんじん》竜眼肉円」は名薬として知られ、その引札《ひきふだ》（ちらし）が国際日本文化研究センターの「宗田文庫」に収められている。それによると、徳翁は「大阪久太郎町壱丁目」に住んだことがわかる。

この柴田徳翁家の墓所は天王寺区の天鷲寺《てんじゅうじ》にあり、そこには徳翁夫妻の巨大な五輪塔に並んで、「天正十一癸未四月廿四日　摧鬼院殿前越州大守従五位下台岳還道大居士　自性院殿微妙浄法大姉　忠勇院殿積智善浄大居士」と刻まれた墓碑が立つ。「摧鬼院殿…」

が勝家、「自性院殿…」がお市、「忠勇院殿…」が勝家父の法号である。

台石に刻まれた銘文によると、この勝家・お市らの墓碑は文政八年に徳翁が建てたもので、徳翁は勝家から数えて八代の孫にあたるという。勝家の遺児・作次郎は北ノ庄落城に際し、越中の善徳寺（富山県南砺《なんと》市城端《じょうはな》）に落ち延び、後日、越前国次郎丸村（福井市次郎丸町）の西光寺に勝家の墓を建立したが、福井城下に新たな西光寺が建立されることとなった。これが福井市左内町の西光寺で、寺僧たちもそちらの西光寺に移り住んだため、旧西光寺の墓所は荒廃し、どれが誰の墓かもわからなくなってしまった。そのため、作次郎の子孫である徳翁が自らの住む大坂に勝家らの墓碑（供養塔）を新たに建てたのだという。

柴田徳翁家の系譜や同家による西光寺墓所整備の経緯などは、福井藩士の佐々木安貞がまとめた『柴田勝家公始末記』に詳しいが、徳翁が西光寺墓所の再興に乗り出すのは文政九年のことであり、天鷲寺の墓碑建立の方が一年先行することが注目される。その時点では、天鷲寺の墓碑こそが、勝家・お市の〝正統な〟墓だったのである。

（平成24年1月7日掲載）

天鷲寺の柴田勝家・お市の墓。天正 11 年 4 月 24 日の日付と２人の法名が刻まれる

後藤又兵衛の首
泥田に隠し伊予に届ける

後藤又兵衛《またべえ》基次《もとつぐ》は播磨《はりま》（兵庫県西部）出身の武将で、豊臣秀吉の軍師として名高い黒田官兵衛《かんべえ》孝高《よしたか》（如水《じょすい》）とその子長政に仕え、秀吉の全国平定戦に従軍してたびたび戦功を挙げ、その武名を天下に轟《とどろ》かせた。秀吉没後に起った慶長五年（一六〇〇）の関ヶ原合戦においても、徳川家康方東軍に属した黒田家の部将として活躍し、戦後、長政が筑前《ちくぜん》五十二万三千石の太守《たいしゅ》となると、又兵衛は領内大隈《おおくま》（福岡県嘉麻《かま》市）で一万六千石を領する城主となった。

ところが、声望の高い又兵衛を、主君長政が次第に疎《うと》んじるようになり、長政との確執が限界に達した又兵衛は、慶長十一年、ついに大隈城主の座を抛《なげう》ち、黒田家を出奔する。豊前《ぶぜん》・中津城主の細川家や播磨・姫路城主の池田家などに身を寄せた又兵衛であったが、そのたびごとに旧主長政から猛烈な抗議が入るため、仕官かなわず、やむなく浪々の身となった。

そんな又兵衛のもとに、大坂城からの使者が訪れる。豊臣秀頼の招きに応じた又兵衛

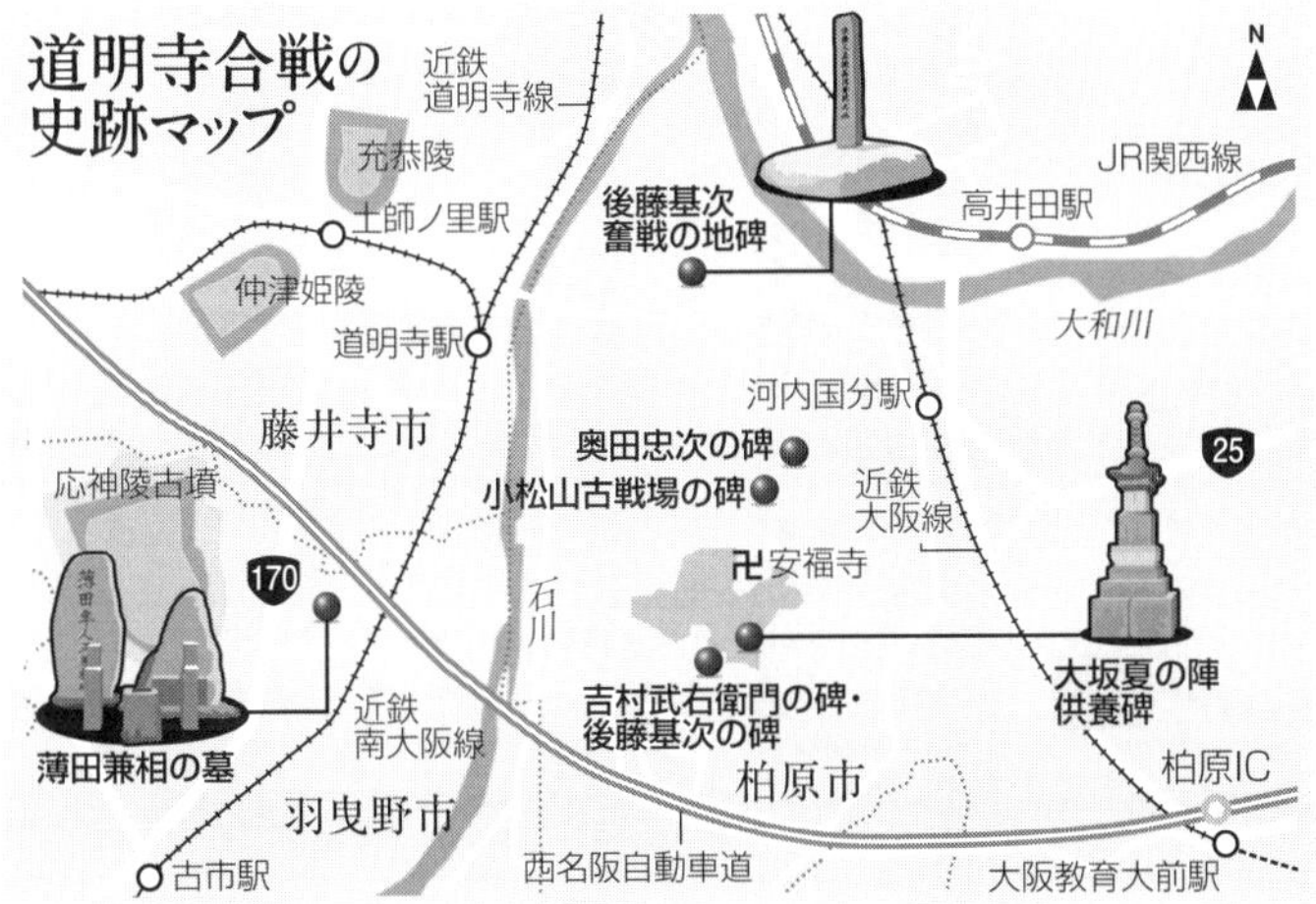

は、慶長十九年十月、堂々と大坂城への入城を果たした。又兵衛は、真田幸村（信繁《のぶしげ》）・長宗我部《ちょうそかべ》盛親《もりちか》・毛利勝永・明石全登とともに「五人衆」と称され、大名格の客将として、大坂城中において重きをなし、冬の陣では同年十一月二十六日の鴫《しぎ》野《の》・今福《いまふく》合戦で、苦戦する木村重成を援《たす》けて徳川方の佐竹義宣隊を散々に破ってみせた。翌年の夏の陣では、五月六日の道明寺《どうみょうじ》合戦で徳川方の大軍相手に大奮戦し、一時は徳川方を後退させるほどの戦いぶりであったが、結局は衆寡《しゅうか》敵せず、壮絶な討死を遂げた。

現在、柏原市片山町に「後藤又兵衛基次奮戦之地」の石碑が立ち、同市玉手町の玉手山公園内には「後藤又兵衛基次之碑」と刻まれた石碑が立つ。

後者は、隣の八尾市で天台院住職を務め、『お吟さま』『悪名』などの作品で知られる直木賞作家・今東光《こんとうこう》師が揮毫《きごう》したものであるが、この碑に近接して「吉村武右衛門之碑」と刻まれた石碑が立つ。裏面に刻まれた略伝によると、吉村武右衛門も又兵衛と同じく黒田家の家臣であったとのことで、又兵衛出奔の際、行動をともにし、大坂の陣で又兵衛の麾下《きか》に属した武右衛門は、重傷を負った又兵衛から、「我が首を打て。構えて敵手に授く勿《なか》れ」と、命じられたという。

又兵衛を介錯《かいしゃく》した武右衛門は、その首を泥田の中に深く埋めて隠し、陣後ひそかに掘り出して、又兵衛の母方の伯父が住職を務める伊予《いよ》（愛媛県）の長泉寺《ちょうせんじ》に首を届け、丁重に埋葬し、供養を依頼したと伝えられる。

長泉寺は今も愛媛県伊予市に法灯を伝え、「後藤又兵衛基次公菩提所」として、同市から史跡の指定を受けており、近傍の大塚家の屋敷地内に又兵衛の首塚がある。

武右衛門はそののち摂津国喜連《きれ》村（大阪市平野区）で帰農し、姓を「水井」と改めたという。玉手山公園内の「吉村武右衛門之碑」は、子孫の水井恒雄氏が昭和五十四年に建立したものである。

（平成24年2月11日掲載）

柏原市・玉手山公園内の「後藤又兵衛基次之碑」。この左手に「吉村武右衛門之碑」が立つ

豊臣大坂城の屏風絵

欧州に知られた〝世界第八の奇観〟

大阪城天守閣は海外の城で唯一、オーストリアのエッゲンベルグ城と友好城郭提携を結んでいる。

平成十八年十月に、エッゲンベルグ城で豊臣時代の大坂城と城下町を描いた屏風《びょうぶ》絵が見つかったことがきっかけで、平成二十一年十月二日に、オーストリアの国家元首であるハインツ・フィッシャー大統領ご夫妻ご臨席のもと、大阪城西の丸庭園の迎賓館で友好城郭提携の調印式を行った。

屏風絵の景観年代を決定づけたのは、五層の大天守の右下方に描かれた廊下橋様式の華麗な極楽橋で、イエズス会宣教師ルイス・フロイスが「一万五千黄金スクードに値する非常な黄金で輝く、いとも高貴な橋」（一五九六年度日本年報補遺）と表現したこの橋は、慶長元年（一五九六）に建造されたが、同五年五月には京都・豊国廟《ほうこくびょう》に解体・移築されたから、わずか五年間しか大坂城の内濠《うちぼり》に架かっていなかった。したがって、屏風絵は秀吉が亡くなる慶長三年前後の大坂城を描いていることになる。

屏風絵は十八世紀中頃に分解され、各面ばらばらにして壁面にはめこまれたが、そのお蔭でヨーロッパの風土にも劣化することなく、また第二次大戦の際に侵攻したソ連軍の略

奪からも免れ、屏風絵は奇跡的にこんにちまで残された。画面をつなぎ合わせると八曲一隻に復元でき、大坂城が大きく描かれ、その右に内町《うちまち》、さらに船場《せんば》の街並みが描かれる。上部には遠景として四天王寺・住吉大社から堺の町まで描かれ、左端には淀川に沿って石《いわ》清水《しみず》八幡宮、そして宇治の平等院までが描き込まれる。画面が宇治で終り、秀吉とゆかりの深い伏見を描かないのは、本来この屏風にはもう片方があったことを示唆している。そこには伏見城をはじめ、豊国廟、大仏殿（方広寺）、さらには秀吉が秀頼のために御所近くに築いた京都新城など、豊臣時代の京都とその近郊が描かれていたに違いない。エッゲンベルグ城の「豊臣期大坂図屏風」は、実は豊臣時代の「京・大坂図屏風」の右半分であったと考えられるのである。

もともと八曲一双だったとすると、この屏風絵は六曲一双の通常の洛中洛外図屏風などに比べてはるかに横幅が広く、しかも背丈も高い。異例ともいうべき巨大な屏風絵は、そもそもヨーロッパへの輸出用に作られたのではなかろうか。

豊臣秀吉の名や彼の築城した大坂城については、宣教師たちの報告が印刷に付されたことで、当時ヨーロッパでは広く知られていた。フロイスは、織田信長の安土城を「その構造と堅固さ、財宝と華麗さにおいて、ヨーロッパのもっとも壮大な城に比肩し得る」（フロイス『日本史』）と評したが、その彼が秀吉の大坂城を、「信長が安土山に於て造りたるものに比して二、三倍宏壮華麗なり」（フロイス書簡）と絶賛した。一六六九年にオランダ・アムステルダムで初版が刊行され、たちまちヨーロッパ各国語に翻訳されて日本理解の基本書となったモンタヌス『日本誌』には、秀吉の大坂城が「世界第八の奇観を以て称せらるるに至る」と記される。

七不思議に次ぐ〝世界八番目〟の不思議とされた大坂城に、ヨーロッパの人々は多大な関心を示したに違いない。

（平成24年3月3日掲載）

現在の極楽橋と天守閣。豊臣時代にはこの辺りに黄金色に輝く華麗な極楽橋が架かっていた

平野の地雷火

打倒家康は又兵衛から幸村に

戦国時代、平野《ひらの》は堺と並ぶ自治都市・商業都市として大いに栄えた。防衛のため、周囲には濠《ほり》がめぐらされ、十三ヶ所の出入り口には木戸が設けられた。それらの木戸を通じて、街道が放射線状に各地へと延びていた。それぞれの木戸の傍らには地蔵堂が建てられたが、樋尻口《ひのしりぐち》の地蔵堂もその一つで、ここを舞台に大坂夏の陣にまつわる逸話が伝えられている。

豊臣方の智将・真田幸村は、敵の大将・徳川家康が必ずこの樋尻口から平野に入るに違いないと予測し、樋尻口の地蔵堂に地雷を仕掛けた。案の定、樋尻口にやってきた家康ではあったが、まさに地雷が爆発しようというその瞬間になって、急な尿意を催し地蔵堂を離れたことで、家康は間一髪で難を逃れた。

けれども、幸村の用意した伏兵が一斉に攻めかかったため、家康は大久保彦左衛門らわずかな側近に守られ、命からがら泉州方面へと逃げた。途中で葬式行列に出会った一行は、交渉して葬式駕籠《かご》を譲り受け、その駕籠の中に家康の身を隠して、泉州へ急いだ。

ところがそこに紀州から引き揚げてきた豊臣方の勇将・後藤又兵衛が現れ、一行を不審に思った又兵衛は馬上から槍で駕籠を一突きし、そのまま大坂城へと帰って行った。大久保彦左衛門が慌てて駕籠の中を確認したところ、槍はものの見事に家康を刺し貫き、既に家康は事切れていた。彦左衛門はそのまま堺の南宗寺《なんしゅうじ》を訪ね、同寺に家康を葬り、丁重に供養を頼んだ。

以後の家康は実は影武者で、南宗寺境内の家康の墓こそ、真実の墓だというのである。この伝説は、大正十一年刊行の『大阪府全志』に載せられ、家康の亡くなった日を「時に元和元年四月二十七日なり」とするのであるが、豊臣贔屓《びいき》の方々にはまことに残念ながら、家康が京都・二条城を出陣するのは五月五日のことで、四月二十七日に平野へ到着することはありえない。

ところが昭和五年刊行の『堺市史』が紹介する「口碑」では、家康死去に至る状況が少し変化する。五月七日最後の決戦で茶臼山から攻めかかった真田幸村勢が徳川家康本陣を蹂躙《じゅうりん》し、真田軍に追い立てられた家康は駕籠に乗って堺方面に向かって必死に逃げたが、そこに後藤又兵衛が姿を現し、馬上から槍で駕籠を貫いたというのである。

たしかに五月七日なら家康は天王寺表にいたが、今度は後藤又兵衛の方が前日の道明寺合戦で既に討死を遂げており、家康を槍で突き刺すことは不可能なのである。

しかし近年、この家康死亡説はまた新たな展開をみせている。駕籠に乗って逃げた家康は、追いすがる真田幸村勢によって討ち取られたというのである。

現代の我々は、かつての伝説の語り手に比べて、はるかにたくさんの知識を持っている。そうした知識や情報を駆使して、奔放《ほんぽう》に語られてきた伝説・伝承から不都合な部分を取り除き、新たな情報を加味して、伝説の再生をはかる傾向が見受けられる。荒唐《こうとう》無稽《むけい》な伝説に、合理的解釈が成り立つように加工を施すのである。この家康死亡説などもその典型で、伝承の改変によって、打倒家康の大殊勲は真田幸村が後藤又兵衛から横取りする形となった。

真田幸村が地雷を仕掛けたと伝えられる平野郷・樋尻口の地蔵堂

（平成24年4月7日掲載）

淀殿と家康の結婚

実現しなかった秀吉の奇策

昨年五月、初めて宝塚歌劇を観た。宙《そら》組公演の「美しき生涯」で、NHKの連続テレビ小説「ふたりっ子」や大河ドラマ「功名が辻」などで知られる大石静さんが脚本を手がけた。宝塚歌劇団が外部の脚本家を起用するのは三十二年ぶりということでも話題を呼んだ作品で、石田三成の生涯と淀殿との愛を描き、淀殿の生んだ鶴松と秀頼はともに三成の子と思わせる内容になっていた。

この作品に限らず、近年は淀殿と石田三成が恋中であったかのように描かれることが多いが、江戸時代の史料にはそうした噂話は一切見られない。淀殿のお相手として名前が挙がるのは、淀殿とは乳兄弟《ちきょうだい》の大野治長《おおのはるなが》、歌舞伎の創始者とされる名古屋山三郎《なごやさんざぶろう》、占いの上手な僧侶といった面々で、このうち大野治長に関しては、秀吉死後のことではあるが、慶長四年（一五九九）十月朔日《ついたち》付の同時代史料が遺《のこ》される。毛利輝元の重臣内藤隆春が国元にいる子息の元家に宛てた手紙で、上方情勢を報じた中に、淀殿と大野治長の「密通」の噂が書き留められ、本来なら切腹を申し付けられるべきところ、宇喜多秀家《うきたひでいえ》がかばい、治

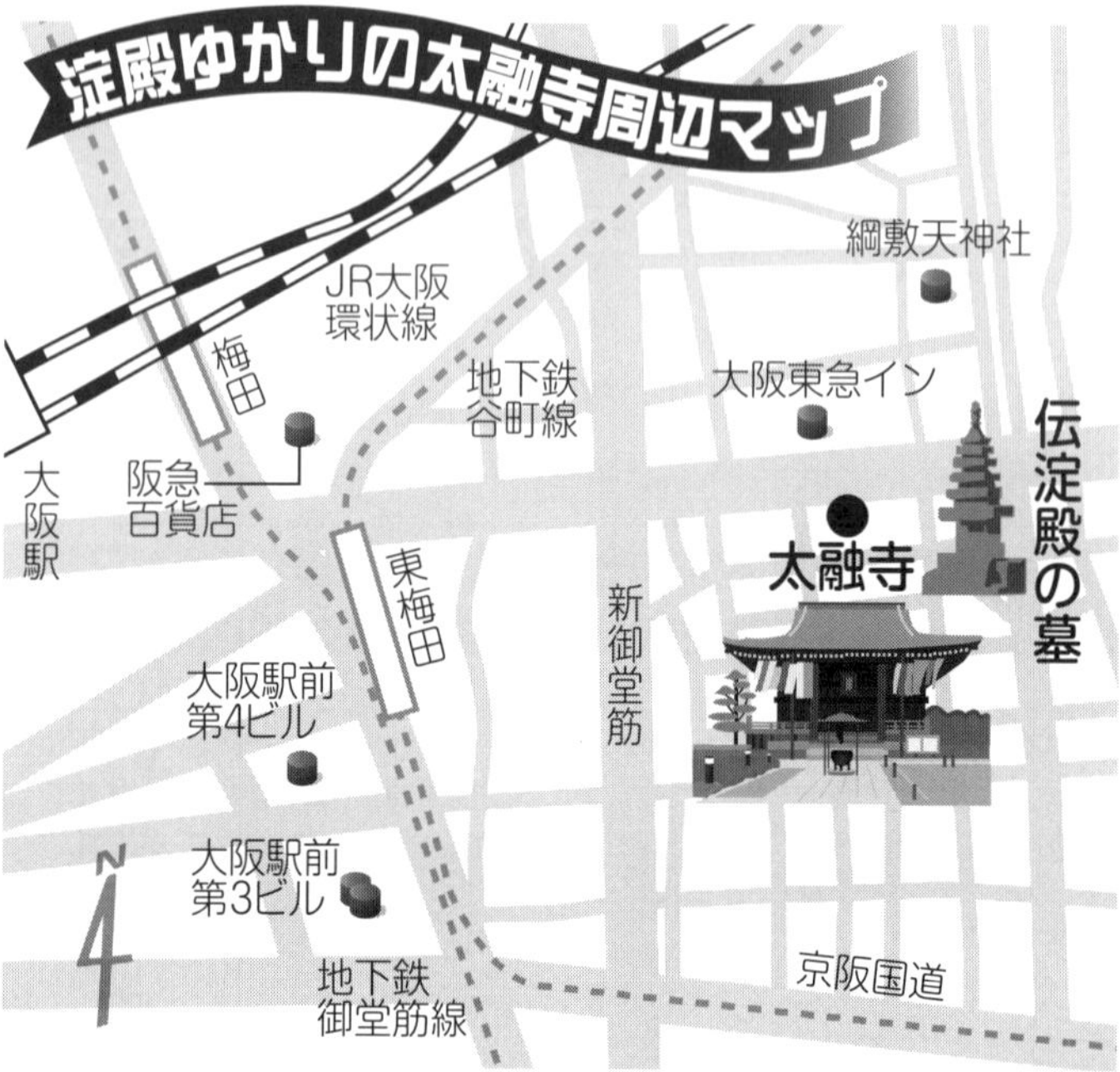

長は高野山に逃げたと記される。

この治長の高野山逃亡については、奈良・興福寺の『多聞院日記』にも記述が見られるが、注目すべきは「大坂にて去る十日秀頼母、家康と祝言《しゅうげん》これあり候、太閤の書《かき》置《おき》ある由に候」とあることで、秀吉の遺言により、慶長四年九月十日に大坂城で淀殿は徳川家康と結婚することになっていたというのである。けれども淀殿はこれを嫌がり、大野治長が結婚式を妨害したらしい。

淀殿と家康の結婚に関しては、当時伏見に抑留されていた朝鮮王朝の官人・姜沆《カンハン》も、「秀吉は戊戌《ぼじゅつ》

太融寺境内にある伝淀殿の墓＝大阪市北区

（一五九八）年三月晦《みそか》から病気にかかり、自分でもきっと死ぬだろうと悟って、諸将を召し寄せて後事を託した。家康には、秀頼の母淀殿を室として政事を後見し、秀頼の成人を待ってのち、政権を返すようにさせた。」「己亥《きがい》（一五九九）年九月九日、家康が大坂で秀頼に拝謁した。（中略）家康はまた、秀吉の遺命をたてに、秀頼の母淀殿を室にしようとした。秀頼の母は、すでに大野修理亮《しゅりのすけ》治長と通じて妊娠していたので、拒絶して従わなかった。家康は、ますます怒り、修理を執《とら》えて関東に流し」た、と記している（『看《かん》羊録《ようろく》』）。「密通」「妊娠」はともかく、秀吉の遺言は事実だった可能性がある。というのは、秀吉死後も淀殿は髪をおろさなかったからである。尼にならないのは、当時、その女性が再婚すべき存在であることを意味した。

死に臨んで、秀吉の悩みは唯一、幼き秀頼の将来であった。最も危険な人物と目されるのは徳川家康で、秀吉は、家康の孫娘千姫を秀頼の妻とすることで、秀頼の安全をはかったが、それでもなお秀吉の不安は解消されなかったに違いない。その秀吉が最後に思いついた妙案が、淀殿と家康を結婚させるという奇策ではなかったか。家康の前の正室は秀吉の妹旭姫であり、淀殿はその後釜としてふさわしい存在ともいえる。家康の嫡男秀忠の正室（千姫の母）は淀殿の妹江《ごう》であるし、二人の結婚によって、豊臣と徳川はまさしく一つになり、秀頼の将来も保証される、と考えたのであろう。

しかし、淀殿はこの結婚をよしとはしなかった。もし、結婚が実現していたら、その後の歴史はどのような展開をみせたであろうか。

（平成24年5月12日掲載）

曽呂利新左衛門

秀吉を手玉に取った芸達者

上方落語の元祖とされる人物は四人いる。

一人は露《つゆ》の五郎兵衛《ごろべえ》で、延宝・天和年間（一六七三～八四）頃から、京都の祇園真葛原《まくずがはら》や四条河原・北野天満宮などで軽口咄《かるくちばなし》を演じた。

次は米沢彦八で、元禄年間（一六八八～一七〇四）に大坂・生國魂《いくくにたま》神社境内の小屋に出演し、軽口咄とともに、さかんに物真似《ものまね》を演じた。

三人目は浄土宗西山派の僧侶・安楽庵策伝《あんらくあんさくでん》で、彼は寛永五年（一六二八）に笑話一〇三九話を収録した『醒睡笑《せいすいしょう》』をまとめた。

そして最後が、豊臣秀吉のお伽衆《とぎしゅう》（お咄《はなし》衆）と伝えられる曽呂利新左衛門《そろりしんざえもん》である。

お伽衆とは、秀吉が政策を立案する際などの相談相手で、小瀬甫庵《おぜほあん》の著した『太閤記』によると総数は八〇〇人にも及んだと伝えられ、前田利家・荒木村重といった歴戦の武将や千利休・古田織部・今井宗薫《そうくん》らの茶人、細川幽斎《ゆうさい》・大村由己《ゆうこ》ら当代を代表する学者、宮部継潤《けいじゅん》・富田一白《かずあき》ら豊臣政権のベテラン奉行衆、斯波義近《しばよしちか》・山名豊国といった名家の末裔《まつえい》

など、錚々《そうそう》たる面々が名を列ねた。

ところが、曽呂利新左衛門が得意の頓智《とんち》で秀吉を手玉にとる一連の「曽呂利咄《ばなし》」が、江戸時代以来、大いに人気を博したため、秀吉のお伽衆といえば、まず曽呂利新左衛門の名が挙がるようになった。

この曽呂利新左衛門について、寛政八年（一七九六）刊行の『和泉名所図会《ずえ》』は「鼠楼栗《そろり》新左衛門は、当津（堺）南ノ荘目口《めくち》町に居住して、刀の鞘師《さやし》なり。細工《さいく》に名誉を得て、刀の鞘口ソロリとよく合うゆゑに、世《よの》

堺市堺区市之町東４丁に立つ「曽呂利新左衛門屋敷址」の石碑

人《ひと》異名せり。その上口軽き頓智噺《ばなし》の上手《じょうず》にて、秀吉公に召し出され常に御伽を申し上ぐる」と記す。

『和泉名所図会』の記述は、貞享元年（一六八四）刊行の『堺鑑《さかいかがみ》』の記述をもとにしているが、『堺鑑』の方は彼の住所について、より詳しく「南荘目口町ノ内ニ浄土宗ノ寺内ヲ借テ住居ス」と記している。

ところが、この曽呂利新左衛門については、ながらくその実在が疑われてきた。寛文十二年（一六七二）に刊行された『曽呂利狂歌《きょうか》咄』の内、実に三十話は安楽庵策伝の『醒睡笑』が原典であること。策伝が一時堺の浄土宗寺院・正法寺の住職を務めたこと。策伝は、秀吉のお伽衆であった飛騨・高山城主の金森長近《かなもりながちか》の弟と伝えられること（「立政寺歴代大年譜」ほか）などから、曽呂利新左衛門は安楽庵策伝をモデルに創作された人物ではないかとされてきたのである。

かくいう私もそのように考えていたのであるが、公卿《くぎょう》西洞院時慶《にしのとういんときよし》の日記『時慶記』天正十五年（一五八七）六月八日条に、時慶が豊臣秀次の屋敷を訪ねたところ、「ソロリ」という者が現れ、愉快な咄や唐人の物真似を演じた、という記述があるのを知った。「ソロリ」と名乗る芸達者な人物はたしかに実在したのである。

あらためて曽呂利新左衛門の初出史料とされてきた寛永十三年（一六三六）刊行の『きのふはけふの物語』を確認すると、そこには「関白秀次公の御咄の衆に、曽呂利と申すものあり」とあった。

実在の曽呂利は、秀吉ではなく、秀次と関係が深かったらしい。そう考えると、頓智で秀吉をやりこめる曽呂利の姿は、秀吉によって切腹させられた旧主秀次の仇を討っているようにも思えてくる。

（平成24年6月2日掲載）

生國魂神社

秀吉の最晩年まで城に近接

生國魂《いくくにたま》神社は大阪市天王寺区生玉町に鎮座し、生島《いくしま》神・足島《たるしま》神を祭神とする。大同二年（八〇七）に成立した斎部広成《いんべのひろなり》の『古語拾遺』には、「生島。是《これ》、大八洲《おおやしま》の霊《みたま》なり。今、生島の巫《かんなぎ》の斎《いわ》ひ奉《まつ》れるなり」とあり、生島神が「大八洲の霊」であることがわかる。『日本書紀』には、伊奘諾《いざなぎ》・伊奘冉《いざなみ》二神による国生みの神話が語られるが、そこには多くの島々の誕生を記したのち、「是に由《よ》りて、始めて大八洲国の号《な》起れり」とある。「大八洲国」は、たくさんの島々で成り立つ国、すなわちわが日本を意味した。

足島も生島と同義で、両者を対にして、この国を構成する多くの島々を表現した。生國魂神社はわが国土の霊魂、まさに「国魂」を祀《まつ》る神社なのである。

この生島神・足島神は生國魂神社とは別に宮中でも祀られ、「生島の巫」と呼ばれる専門の巫女《みこ》がこの神に奉仕した。延長五年（九二七）成立の『延喜式』には、「宮中神三十六座」の中に「生島の巫の祭る神二座」として、「生島神・足島神」が挙げられている。

ところで、この生國魂神社は、かつては今の大阪城周辺に鎮座した。

大化改新にともない、都は大和の飛鳥から、難波長柄豊碕宮《なにわのながらのとよさきのみや》に遷《うつ》されるが、その際、生國魂神社の森の樹木が伐採されたようで、『日本書紀』は孝徳天皇のことを、「仏法を尊び、神道を軽《あなず》りたまふ。生國魂社の樹を斮《き》りたまふ類《たぐい》、是なり」と評している。

室町時代後期になると、現在の大阪城地に本願寺が建設されたが、この時期にも本願寺近傍に生國魂神社があった。本願寺十世の証如上人は、その日記に、「森三ヶ庄」（中央区森ノ宮中央ほか）の人々が、「法安寺の神

大阪城内の生國魂神社御旅所跡＝大阪市中央区

事」に参拝したいので、本願寺の東門か、せめてくぐり戸だけでも開けて欲しいと頼んできたことを記している（『天文日記』）。生國魂神社も中世には神仏習合となっており、境内に営まれた真言宗の法安寺が同神社の神宮寺であった。

豊臣秀吉が大坂城を築城してからも、生國魂神社は大坂城に近接して鎮座したが、最晩年の慶長三年（一五九八）に至り、秀吉は自らの死後も幼い秀頼を守るため、大坂城に新たな曲輪《くるわ》を建設する工事を起こした。

その際、生國魂神社は大坂城近傍からの移転を余儀なくされ、現在の社地へと遷座したのである。秀吉の宗教顧問的な立場にあった醍醐寺三宝院門跡《もんせき》の義演《ぎえん》は、大坂に来ると生國魂神社神宮寺の法安寺を定宿にしたが、慶長四年十一月十四日に訪れた際には、前年に新しい社地が与えられたことを記し、翌年二月十一日には、新社地が「天皇（王）寺辺《あたり》」であることを記している（『義演准后日記』）。

こうして生國魂神社は大坂城から離れたが、江戸時代になっても、毎年年頭には祈祷《きとう》札を届けるなど、生國魂神社と大坂城の密接な関係は維持され、本丸御殿の御成《おなり》廊下の庭には生國魂神社の神木とされる「生玉松」があった。

現在、大阪城公園内に生國魂神社の御旅所《おたびしょ》跡があるが、この御旅所は昭和五年に設けられたもので、以来、夏祭の際には盛大な陸渡御《りくとぎょ》が行われた。戦後長らく途絶えていたが、平成十二年に復活を遂げ、今年もまもなく七月十二日に大阪城への陸渡御が行われる。

（平成24年7月7日掲載）

豪姫の狐憑き　大坂の犬、思わぬとばっちり

大阪市都島区網島町は、市公館や旧藤田邸庭園、藤田美術館などがあり、市内でも有数の美観地区となっているが、同町の西側部分はかつて「備前島」と呼ばれた。豊臣家五大老に列した備前・岡山城主宇喜多秀家《うきたひでいえ》の屋敷があったからで、隣接して石田三成の屋敷もあった。大坂冬の陣の際には、徳川家康がこの備前島から大砲を撃たせ、ものの見事に弾が大坂城の天守に命中し、それまで強硬に徹底抗戦を主張していた淀殿は恐れおののき、徳川方との和睦へと態度を一変させた。

宇喜多秀家（一五七二〜一六五五）は、秀吉の中国経略に協力した宇喜多直家《なおいえ》の嫡男であったが、父直家が亡くなった際にわずか十歳の少年であったため、秀吉の養子となった。妻の豪姫《ごうひめ》もまた秀吉の養女である。

豪姫（一五七四〜一六三四）は前田利家《まえだとしいえ》とその正室お松《まつ》（芳春院《ほうしゅんいん》）の間に生まれた娘であるが、なかなか子宝に恵まれぬ秀吉とお祢《ね》（高台院《こうだいいん》）が、利家・お松夫妻に頼み込み、生まれる前からもらい受ける約束ができていて、豪姫が誕生すると、すぐに秀吉が懐に抱

いて連れ帰ったと伝えられる（「可観小説」他）。

養女とはいうものの、秀吉・お祢夫婦にとっては初めての我が子だったので、二人は豪姫をたいそうかわいがった。文禄二年（一五九三）お祢に宛てた手紙で秀吉は、すでに秀家夫人となっていた豪姫について、「男にて候はば、関白を持たせ申すべきに、女房にて候まま、是非なく候」と悔やしがり、「関白秘蔵の子にて候まま、祢より上の官に致したく候」と述べている。

お祢より上などと簡単にいう

川崎橋（左）を渡ったところが、かつての「備前島」。右奥に大阪城天守閣がみえる

が、お祢は天正十六年（一五八八）四月に従一位に叙せられており、位の上では夫秀吉に並び立つ存在であった。上には正一位しかないが、この正一位は、朝廷に対してよほどの功績があった故人か、あるいは稲荷大明神《いなりだいみょうじん》のような神様にしか与えられない特別な位であった。

秀吉がそんな位を与えようと目論《もくろ》んだからか、豪姫は原因不明の奇病に悩まされ、京都から呼び寄せた名医養安院は、診察の結果、豪姫の病気を「狐憑《つ》き」と判断した。

これを聞いた秀吉は激怒し、伏見稲荷大社に朱印状を送り付けた。「豪姫が体調を崩し、医者に診せたところ、狐が憑いたとのことである。どうしてそんなことをするのか。厳しく処罰すべきところであるが、速やかに豪姫の体から出て行くのであれば、今回に限り許してやる。けれども、もしまた同じことを繰り返すならば、その時はただでは済まさない。日本中で、毎年狐狩りを申し付ける」。狐の総元締めとされる伏見の稲荷大明神を脅したのである。

秀吉は大まじめだった。イエズス会宣教師ルイス・フロイスは、「彼女（豪姫）が重病にかかって四、五時間は危篤の状態であった（中略）悪魔が人間に憑いた時、日本人たちは、『その人に狐がのり移った』と言う。彼らは狐を悪魔であると考えている（中略）彼らは、大坂の市《まち》のすべての犬を殺すよう命じ、これによって先の夫人（豪姫）の腹の中に入っている狐を完全に驚かそうと」した、と記している（一五九六年度日本年報）。

大坂城下の犬を全て殺害することで、秀吉が本気であることを狐に見せつけようとしたらしい。とばっちりをくった犬たちこそ最大の被害者だった。

（平成24年8月4日掲載）

中座の狸

淡路島から来た芝居好き

故藤山寛美《ふじやまかんび》さん率いる松竹新喜劇の本拠地として、長い間親しまれた中座（大阪市中央区）。「中の芝居」と呼ばれた江戸時代以来、道頓堀五座の一つに数えられた由緒ある劇場で、角座（角の芝居）とともに「大芝居」と呼ばれ、五座の中でも最高の格式を誇った。けれど、さすがの中座も時代の趨勢《すうせい》には勝てず、多くの人に惜しまれつつ、平成十一年十月三十一日を以《もっ》て閉館となった。

ところで、この中座の奈落《ならく》には祠《ほこら》があり、中座の舞台を踏む役者たちは、公演の無事成功をこの祠に祈願した。祠に祀《まつ》られたのは「柴《しば》（芝）右衛門《えもん》」という狸《たぬき》で、中座閉館にともない、生國魂《いくくにたま》神社と淡路島の洲本八幡神社に分霊が遷《うつ》された。

この柴右衛門は洲本城が築かれた三熊山《みくまやま》に住む狸だった。たいそう芝居が好きで、大坂まで歌舞伎を見にやって来たという。中座に出演中の初代片岡仁左衛門《かたおかにざえもん》（一六五六〜一七一五）に夢中になった柴右衛門は、浪人姿に化けて連日中座に通い詰めたが、毎日木《き》戸銭《どせん》の中に木《こ》の葉が混じっているのを劇場側が不審に思い、狸の天敵である犬を放ったと

ころ、芝居に熱中していた柴右衛門がうっかりしっぽを出していたため、犬に見つかり、噛《か》み殺されてしまった。ところが、その日を境に、中座の客入りがめっきり落ち込んだ。そんなある日、仁左衛門の夢枕に柴右衛門が立ち、自分を中座に祀って欲しいと頼む。仁左衛門が希望を叶《かな》えてやると、中座は以前のごとく活況を取り戻したのだという。

この伝説は、大阪・淡路島双方で語り継がれ、『淡《あわ》路名高古狸物語《じなだかいふるたぬきものがたり》』に収録されているとのことであった。幸いこの古写本は一昨年から昨年にかけて、田野登・宮本裕次の両氏によって翻刻がなされ、その全容が知られるようになった（『大阪春秋』一四〇〜一四二号）。

『淡路名高古狸物語』は文久元年（一八六一）に書写されたものであるが、原本は寛政五年（一七九三）に成立したらしい。

柴右衛門狸が祀られる生國魂神社境内の源九郎稲荷神社

たしかに柴右衛門が道頓堀で犬と壮絶な死闘を演じ、遂《つい》には噛み殺されてしまう様子が詳細に描写されているが、実は物語はここで終わらない。柴右衛門の息子柴助《しばすけ》が、徳島城の奥女中に取り憑《つ》いたのがばれて捕えられ、その際、「父柴右衛門が大坂・道頓堀で亡くなったというのは真か」と質問を受けるのである。柴助の答は、「イヤイヤ、それは御聞き違ひなり。芝居側にて殺されしは、播州林田《ばんしゅうはやしだ》の五左衛門《ござえもん》と申す古狸なり」という意外なもので、父の最期について真相を語り始める。

それによると、柴右衛門は宝永四年（一七〇七）に大坂を訪れたが、この時、能勢の小《こ》源太《げんた》という狐《きつね》の大将と化け比べをし、これに勝利したのだという。恨みに思った小源太は復讐《ふくしゅう》を誓う。小源太は柴右衛門に、秘術を尽くして大坂城中から出てくる大名行列に化けてみせるので、馬場《ばんば》近くの松に登ってぜひその様子を見て欲しいと頼む。

翌日、言われたとおりに松の木に登った柴右衛門は、小源太があまりに見事に化けているので、声をあげて称賛したのであるが、実はこの行列、将軍綱吉の病気見舞いに江戸へと向かう本物の行列だったため、「無礼なけだもの！」と、柴右衛門は矢で射殺《いころ》されてしまった、というのである。

本物の柴右衛門は道頓堀ではなく、大坂城大手口の馬場で亡くなったらしい。息子の柴助が言うのだから間違いない!?

（平成24年9月1日掲載）

豊臣大坂城の構造

発掘・新資料で揺らぐ通説

豊臣秀吉が築いた大坂城は本丸・二之丸・三之丸・惣構《そうがまえ》の四重構造だった。大坂冬の陣に徳川方として参戦した熊本藩主の細川忠利が、慶長十九年（一六一四）十二月二十六日付の書状で、両軍講和にともなう大坂城の破却（城破《しろわ》り）について、「大坂御城も、二ノ丸・三ノ丸・総構（惣構）をば御わ（破）りなされ、本丸迄になされ、秀頼様御座候様にとの儀に候。総構は此方より御人数にて御こわしなされ候。二ノ丸・三ノ丸は城中人数にてわ（破）り申し候」（『細川家記』）と記しているから、間違いない。

現在の大阪城は、大坂夏の陣での落城後、豊臣大坂城を地中深くに埋め、その上に徳川幕府がまったく新たに築き直したものであるが、豊臣大坂城の本丸と二之丸は概ね現在のそれと同じく、今の内堀内側辺りに本丸が、外堀内側辺りに二之丸があったと考えられている。

いちばん外側の惣構は、北は大川（旧淀川）、西は東横堀川、南は空堀《からほり》通り、東は概ねJR大阪環状線に囲まれる範囲だとされる。問題は三之丸で、近年までの通説では、二之

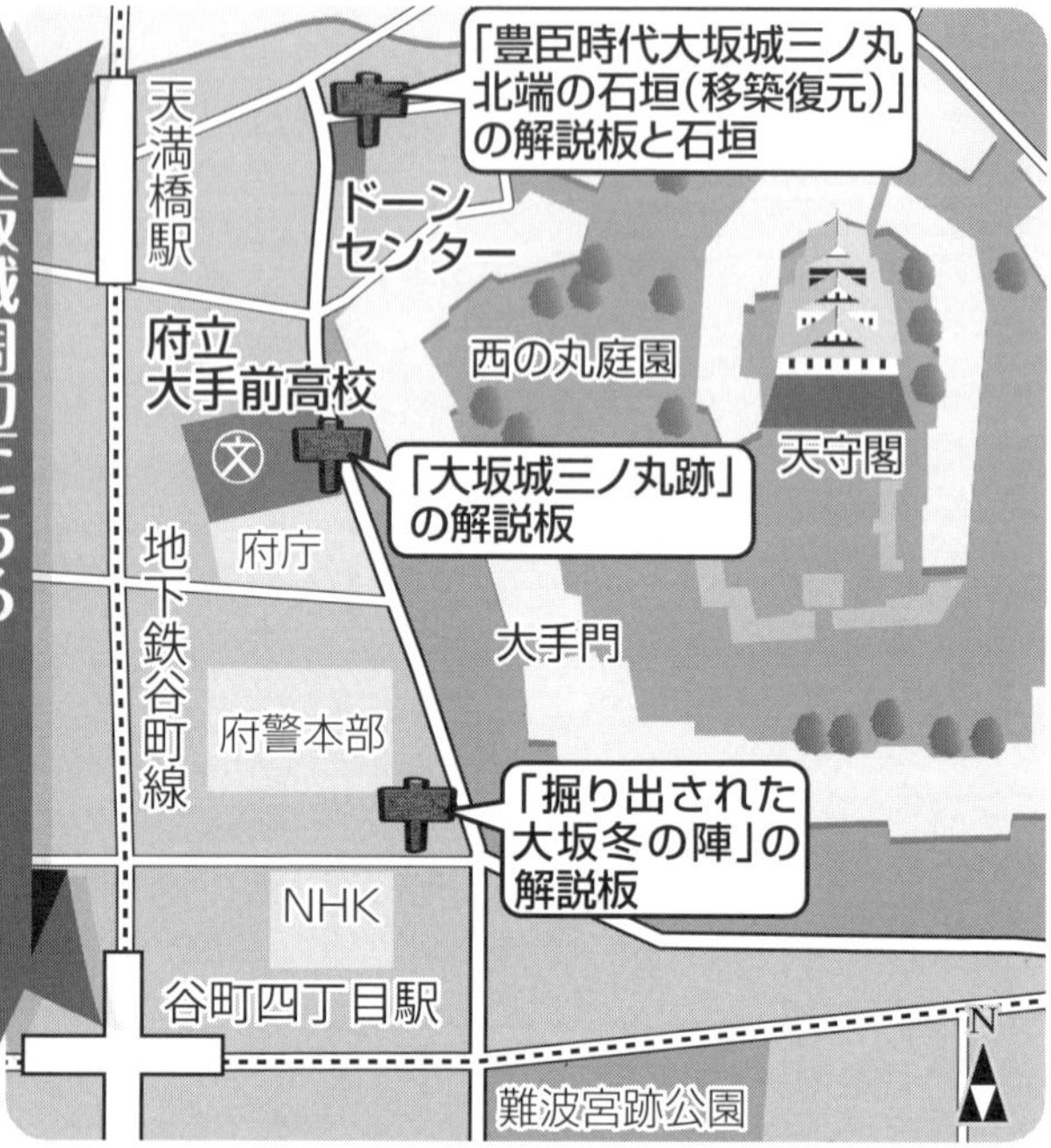

大阪城周辺にある豊臣大坂城の遺構・解説板

丸と惣構の間に位置する広大な曲《くる》輪《わ》で、北は追手門学院やドーンセンターの北側、西は谷町筋、南は中央区龍造《りゅうぞう》寺《じ》町辺り、東は現在の大阪城外堀の延長線上に囲まれる範囲が想定されてきた。

ところが、平成十五年に大阪府警本部新庁舎建設工事で大規模な馬出《うまだし》曲輪が発見されたことで、この通説が大きく揺らぎ、平成十八年にはオーストリアのエッゲンベルグ城で豊臣時代の大坂城と城下町大坂を描いた屏風《びょうぶ》絵が発見され、この「豊臣期大坂図屏風」にも、京橋口に馬出曲輪が描かれていたことから、大手口と京橋口にそれぞれ巨大な馬出曲輪が存在したことはもはや動かし難い事実となった。そして、追手門学院やドーンセンター敷地から見つかった石垣は、これまで三之丸のそれとされてきたが、京橋口馬出曲輪の石垣であったことがわかったのである。

これら二つの馬出曲輪は、『金城聞見録《きんじょうぶんけんろく》』所収の「慶長年間《けいちょうねんかん》古図《こず》」などに描かれ、同図にはさらに玉造口にも馬出曲輪が描かれている。

府立大手前高校の前に立つ「大坂城三ノ丸跡」の解説板

こうした事実を踏まえて、豊臣大坂城の三之丸については、①これらの馬出曲輪を三之丸とする説、②馬出曲輪と三之丸とは別で、防御ラインである惣構の内側全てが三之丸であるとする説、③三つの馬出曲輪は柵列などで連結されていて、その範囲が三之丸であるとする説など、さまざまな考えが提出され、百花繚乱《ひゃっかりょうらん》の如き状態になっている。

ところで、これら諸説も本丸・二之丸についてはいずれも通説を踏襲するのであるが、「大坂陥城之旧図《おおさかかんじょうのきゅうず》」など、江戸時代に多く作られた大坂の陣配陣図ではこれまで本丸と呼ばれてきた内堀内側に「本丸」と「二之丸」がともに記される。これらの絵図が江戸時代中期以降の成立であるため、誤って記したものかというと、そうではない。

同時代史料の『駿府記』が、大坂夏の陣で落城後もなお、秀頼・淀殿らが天守下の焼け残りの櫓《やぐら》に潜んだ件につき、「秀頼并御母儀、大野修理、速水甲斐守を始、其外《そのほか》究竟士（きゅうきょうのさむらい）、二之丸帯曲輪《おびくるわ》に引籠《ひきこも》る」（慶長二十年五月八日条）と記しているから、内堀内側に「二之丸」があったことは疑いない。徳川幕府の大工頭《だいくがしら》を務めた中井家伝来の絵図などによって、内堀内側は詰之丸《つめのまる》・中之段《なかのだん》帯曲輪・下之段《したのだん》帯曲輪という三段構成になっていたことが知られるが、どうやら最上段の詰之丸が「本丸」で、周囲の中之段帯曲輪や北側の山里曲輪・芦田曲輪などが「二之丸」と呼ばれたらしい。そうなると、三之丸の理解も自ずと変更が求められる。

（平成24年10月13日掲載）

真田丸の場所

時代へて地名が独り歩き

慶長十九年（一六一四）十月、真田幸村（信繁《のぶしげ》）は豊臣秀頼からの招きに応じ、蟄居《ちっきょ》先の紀州九度山《くどやま》（和歌山県九度山町）を脱出し、勇躍、大坂城に入った。

十月一日には、徳川家康が諸大名に大坂攻めへの出陣を命じており、豊臣・徳川両家は既に戦闘状態にあった。

大坂城は、北には淀川の大河が流れ、西には海が迫り、東は幾筋もの川が流れて広大な湿地帯になっていた。

大坂城に入城を果たした幸村は、この城の弱点が平坦な陸地の続く南面にあることを見抜き、南惣構堀《みなみそうがまえぼり》（空堀《からほり》）の外側に出丸《でまる》を構築した。世にいう「真田丸《さなだまる》」（真田の出丸）がこれである。

もっとも幸村に限らず、名将の見るところは同じだったようで、幸村と前後して大坂城に入城した後藤又兵衛（基次《もとつぐ》）も、同様に出丸構築の必要性を考えていたという。材木まで用意し、準備を進めていたのに、それを出し抜くように幸村が出丸を築いたので、又兵

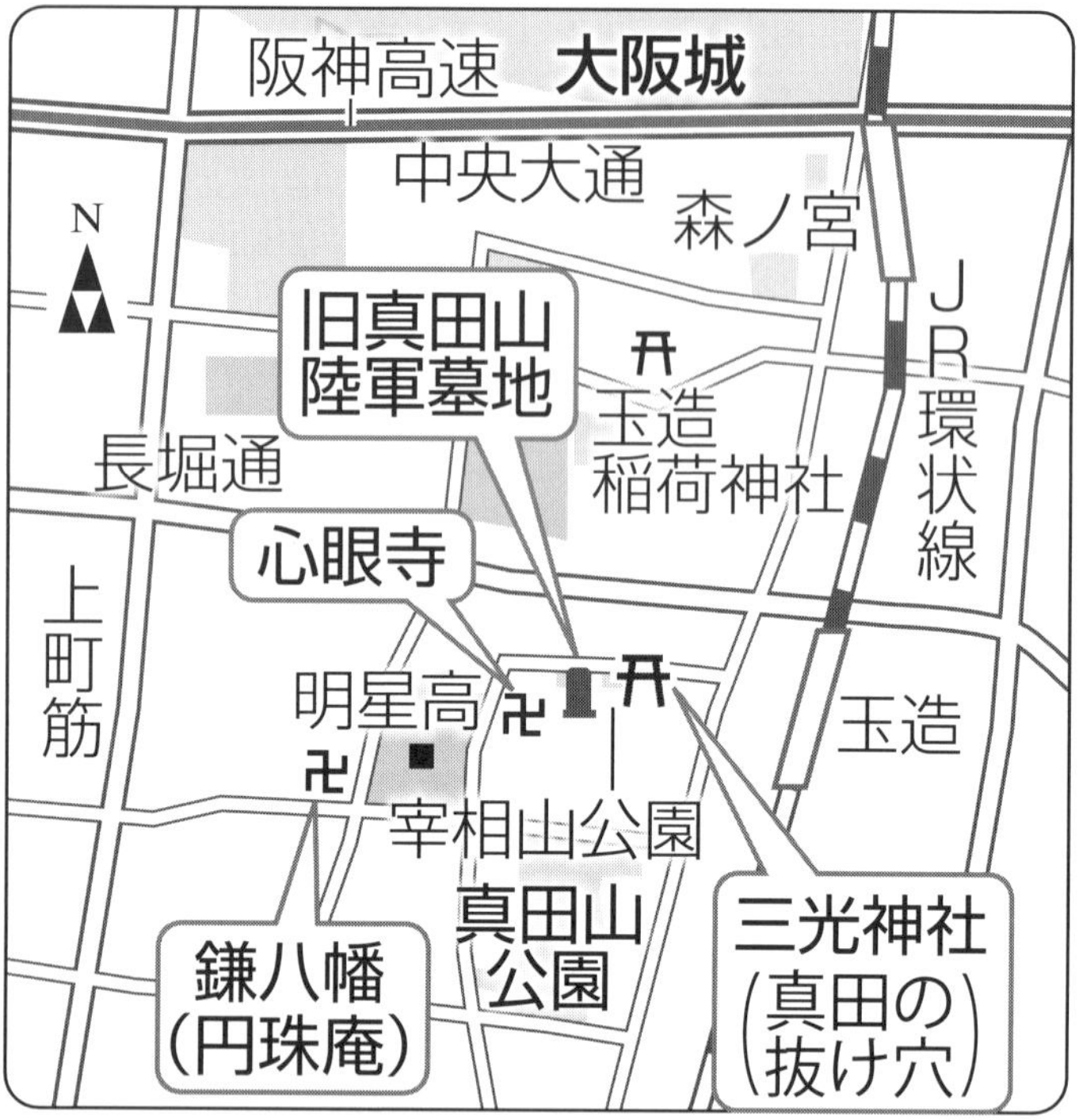

衛は猛然と幸村に抗議し、両者の関係は一時、相当険悪なものになったと伝えられる（『落穂集』）。

この真田丸を舞台に激しい攻防戦が行われたのは慶長十九年十二月四日のことで、徳川方の前田利常・井伊直孝・松平忠直・藤堂高虎らの軍勢が攻め寄せたが、幸村はこれらの大軍をものの見事に手玉にとり、散々な目に遭わせて完勝した。

では、大坂冬の陣を代表する激戦の舞台となったこの真田丸はいったいどこにあったのであろうか。

大阪市天王寺区玉造本町の三光《さんこう》神社境内には、幸村が大坂城内との行き来に使ったという「真田の抜け穴」が残り、その脇には鹿角《かづの》の兜《かぶと》を被《かぶ》って采配を振るう幸村の銅像が立つ。

三光神社境内の「真田の抜け穴」と幸村像

丘陵の西端には幸村と大助親子の菩提《ぼだい》を弔《とむら》うために建立されたと伝えられる心眼寺《しんげんじ》があり、三光神社の隣には、西南戦争以来の陸軍戦没者の霊を祀《まつ》る真田山陸軍墓地もあるので、一般には三光神社の鎮座するこの丘陵が「真田山」で、真田丸の故地だと思われている。

一方で、三光神社の付近一帯が「宰相山《さいしょうやま》公園」となっているように、この丘陵は「宰相山」とも呼ばれる。

「宰相山」という名称については、寛政十年（一七九八）刊の『摂津名所図会』に「加賀宰相侯の陣屋この辺《ほとり》にありしよりかくいふなり」とあり、安政二年（一八五五）刊の『浪華の賑ひ』

は「京極宰相侯の陣営、この辺に有りしより、かく号《なづ》くるなるべし」と記す。「加賀宰相」は前田利常、「京極宰相」は京極忠高であるから、いずれにせよ、冬の陣に参戦した徳川方大名の陣所跡に由来するらしい。

大坂の陣から八十年ほど経過した元禄年間（一六八八～一七〇四）に作製された大坂三郷町絵図は、江戸時代には大坂の基本図として、北・南・天満各組の惣会所《そうかいしょ》などに保管されたが、それらの内の一本である大阪城天守閣所蔵本には心眼寺と坂道（心眼寺坂）を隔てた西側の丘陵に「真田出丸跡」と記され、慶應義塾図書館所蔵本では、同じ丘陵に「真田山」、心眼寺や三光神社がある丘陵には「宰相山」と、両者を明確に書き分けている。したがって、今は丘陵が削られて跡形もないが、幸村が築いた真田丸は、現在の明星学園敷地にあったことは疑いない。

先の『浪華の賑ひ』では「宰相山稲荷祠《いなりのやしろ》」の項に、「俗に真田山といふ」とあるので、「宰相山」と「真田山」の混同は既に江戸時代に始まっていたが、現在は、宰相山のさらに南側に位置する別の丘陵に「真田山公園」があり、地名もここが「真田山町」である。「真田山」の地名は、本来の真田山を離れ、宰相山を経て、また別の場所に移ったのである。

（平成24年11月10日掲載）

蜂須賀小六の墓

昭和46年、大阪を離れ徳島へ

大阪市天王寺区六万体町の吉祥寺《きっしょうじ》は、境内に浅野内匠頭長矩《あさのたくみのかみながのり》と大石内蔵助良雄《おおいしくらのすけよしお》ら四十七士の墓があり、東京・高輪《たかなわ》の泉岳寺、赤穂の花岳寺と並ぶ「義士の寺」として知られる。寺の外壁は義士たちゆかりの黒白だんだら模様にデザインされており、毎年十二月には盛大に「義士祭」が執り行われる。

ところで、この吉祥寺境内に、「蜂須賀正勝顕彰之碑　福聚院殿前匠作良厳紹張大居士　天正十四丙戌五月二十二日」と刻まれた石碑が立つ。

蜂須賀正勝《はちすかまさかつ》（一五二六～八六）は、一般には「蜂須賀小六《ころく》」の名で知られ、秀吉との矢《や》矧《はぎ》（矢作）橋での出会いのエピソードが著名である。

諸国を放浪していた日吉丸《ひよしまる》（のちの秀吉）は、歩き疲れて、矢矧川に架かる矢矧橋（愛知県岡崎市）の上で眠り込んでいたが、そこに蜂須賀小六率いる野武士の一団が通りかかる。彼らに頭を蹴飛《けと》ばされて目を覚ました日吉丸は激しく怒り、無頼《ぶらい》の集団相手にも何ら臆《おく》することなく、文句を付けた。子どもらしからぬ胆力に感じ入った小六は、自分たちの

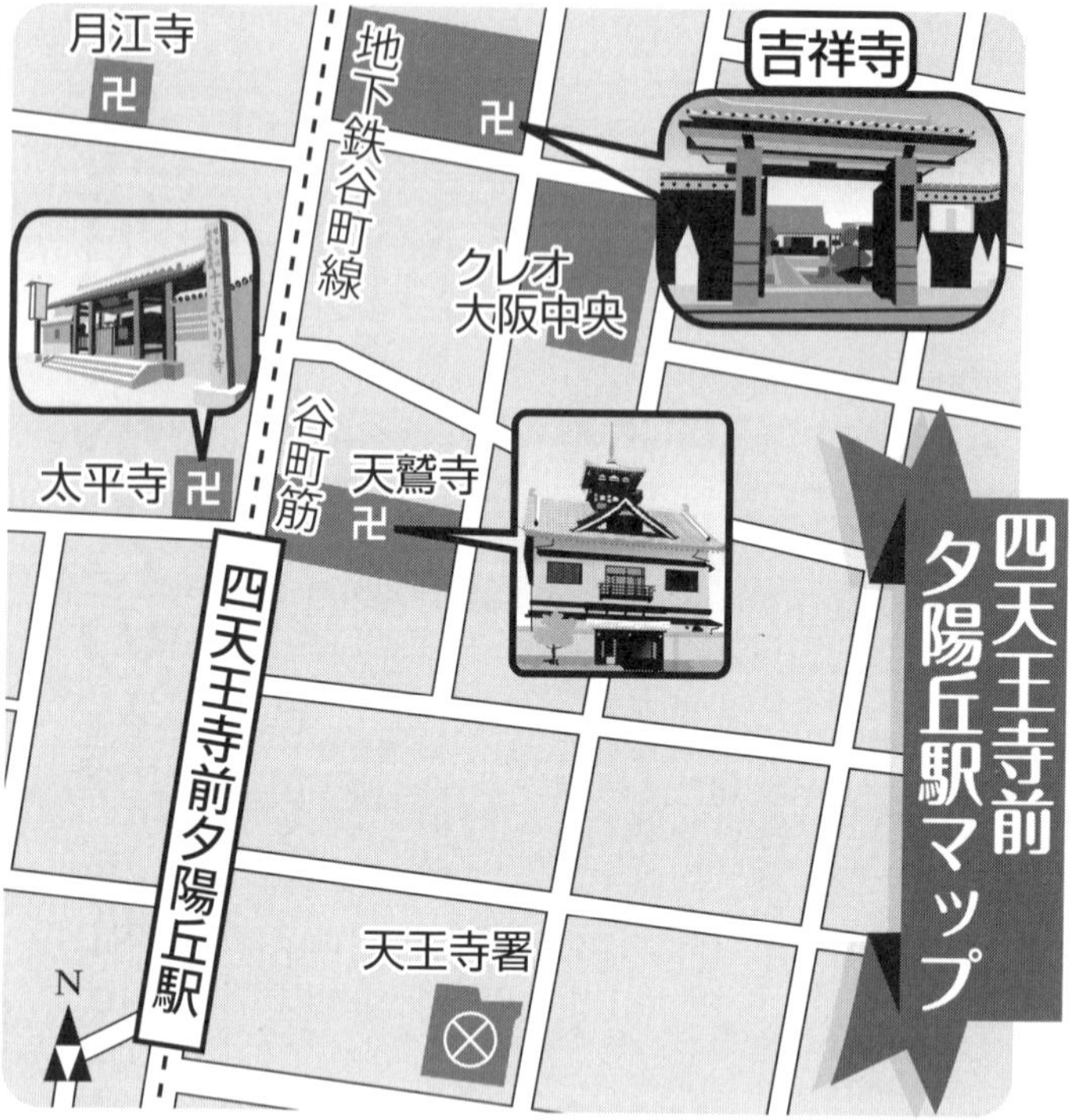

非礼を丁重に詫《わ》び、仲間に入らないかと日吉丸を誘った。

これに応じた日吉丸はしばらくの間小六の手下になって戦《いく》さの修行に励んだというのであるが、この有名な逸話は江戸時代後期刊行の『絵本太閤記』で創作されたもので、残念ながら史実ではない。

蜂須賀正勝は尾張国海東郡蜂須賀村（愛知県あま市）の出身で、木曽川筋の川並衆《かわなみしゅう》と呼ばれる集団を率い、犬山城主の織田信清、岩倉城主の織田信賢、さらに美濃《みの》（岐阜県）の斎藤道三に仕えた後、織田信長に属し、信長から秀吉に与力《よりき》として付けられ、やがて秀吉の家臣となった。天正十年（一五八二）の備中《びっちゅう》高松城攻めの際には、毛利方の使僧安国寺恵瓊《あんこくじえけい》と講和交渉をまとめ、城将清水宗治《しみずむねはる》切腹の検使も務めた。

同年の明智光秀との山崎合戦、翌十一年の柴田勝家との賤ヶ岳《しずがたけ》合戦など、秀吉の天下取り合戦でも活躍し、同十三年四国平定の後にそれまでの功を賞され、阿《あ》波《わ》（徳島県）一国を賜《たまわ》ったが、正勝はこれを辞し、かわって嫡子家政が拝領した。蜂須賀家はこれ以降、江戸時代を通じて、阿波を領する徳島藩主として続いた。

吉祥寺境内の「蜂須賀正勝顕彰之碑」

秀吉古参の家臣で、側近・参謀としても活躍した正勝であったが、天正十四年五月二十二日、秀吉による天下統一を見ることなく、六十一年の生涯を大坂で閉じた。

正勝の遺骸を納めた墓は大坂に営まれ、天王寺寺町《てらまち》の国恩寺《こくおんじ》境内にあったが、同寺は明治十二年に廃寺となった。正勝の墓はその後も同所に残されていたが、蜂須賀家の個人所有で、文化財指定もなされていなかったため、昭和四十六年、徳島市万年山《まんねんやま》の蜂須賀家歴代墓所に遷《うつ》された。

蜂須賀正勝といえば、秀吉を語る上で欠かすことのできない重要人物。大阪城にもゆかりの深いこの有名武将の墓が大阪にあったことを知る人も、今では少なくなった。かつて国恩寺は吉祥寺北側に隣接していた。吉祥寺境内の「蜂須賀正勝顕彰之碑」は、この地に正勝の墓があったことを後世に伝えるため、建てられたものである。

万年山の蜂須賀家墓所は平成十四年に国指定史跡となった。そのいちばん高い所に藩祖正勝の墓があり、大阪にあった当時の状態そのままに再現されている。

古くから発達した大阪には長くて豊かな歴史があり、多くの文化財が伝存する。けれども、その大阪市でようやく文化財保護条例が制定されたのは平成十一年のこと。そうした文化財保護行政の遅れが、貴重な文化財の流出につながったことが悔やまれてならない。

（平成24年12月1日掲載）

中村勘三郎と豊臣秀吉

平成中村座実現に歴史の縁

昨年十二月五日、中村勘三郎さんが急性呼吸窮迫症候群のため、五十七歳の若さで逝去された。歌舞伎界の牽引役《けんいんやく》としてだけでなく、わが国伝統文化の振興やその他さまざまな分野で今後ますますの活躍が期待されていただけに、その早すぎる死はほんとうに残念でならない。

勘三郎さんは、映画「やじきた道中　てれすこ」の公開記念キャンペーンイベントで平成十九年十一月二日に共演者の柄本明さん、小泉今日子さんらとともに大阪城にお越しになり、平成二十二年には十月・十一月の二ヶ月間、大阪城西の丸庭園で平成中村座の大阪城公演が行われた。

この公演実現には私も深くかかわったので、勘三郎さんは大阪城天守閣の私の部屋を訪ねてくださり、私も公演中、何度か勘三郎さんの楽屋にお邪魔した。連日エネルギッシュな舞台をつとめられた勘三郎さんが、もうこの世におられないなんて、いまだに信じられない。

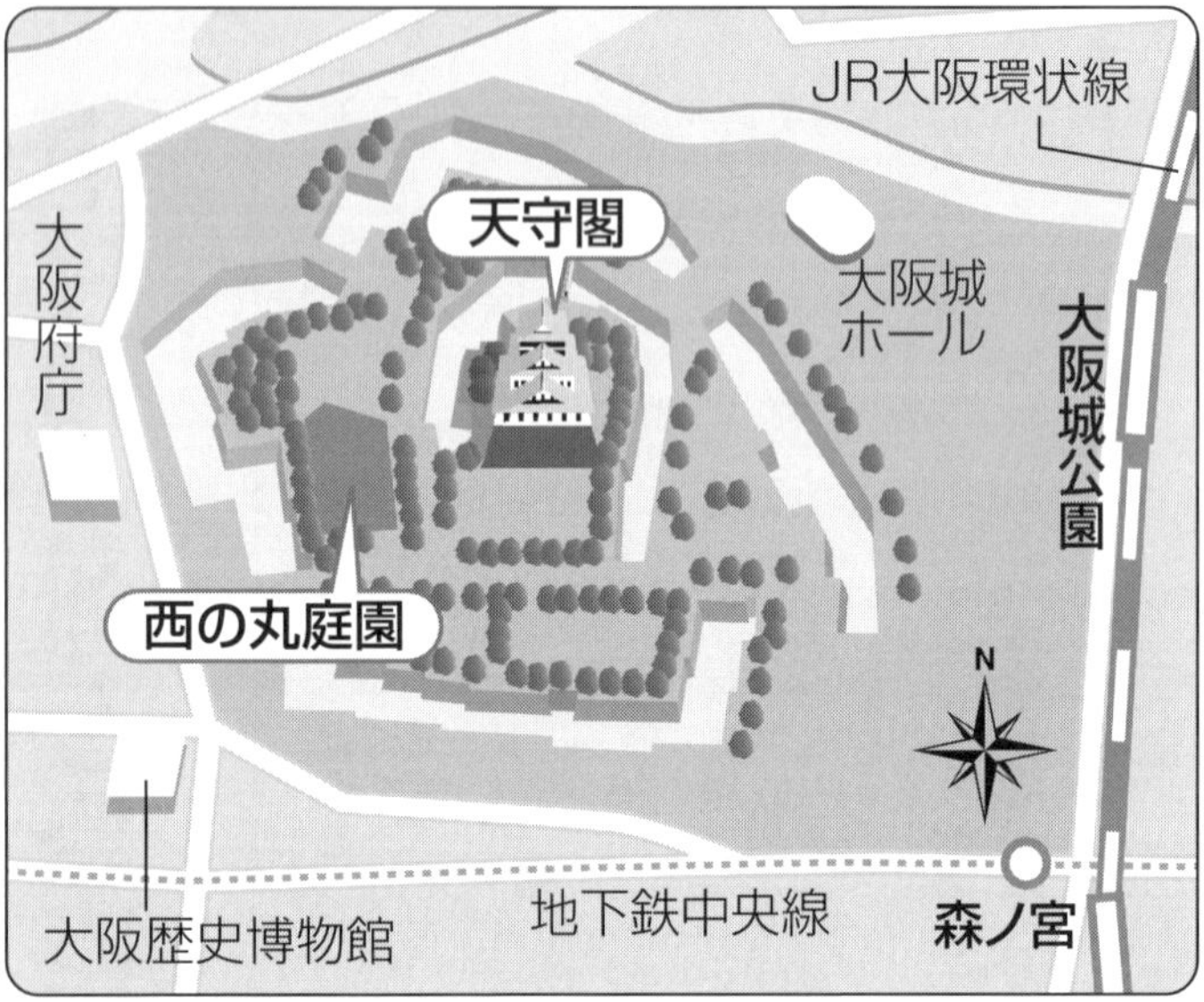

勘三郎さんは十八代目の中村勘三郎だったが、初代の中村（猿若《さるわか》）勘三郎は慶長三年（一五九八）の生まれと伝えられる。その出自については諸説があるが、十一代目の勘三郎が江戸町奉行所に提出した願書には、「私初代勘三郎儀、その生国尾州愛知郡中村の産」と記される（『甲子夜話』巻五十九）。勘三郎家の「中村屋」という屋号も、この尾張国中村（名古屋市中村区）に由来するというのであるが、尾張国中村といえば、いわずと知れた豊臣秀吉の出身地。同所の常泉寺《じょうせんじ》が秀吉の生誕地と伝えられ、境内には「秀吉産湯《うぶゆ》の井戸」が残り、隣接する妙行寺《みょうぎょうじ》は秀吉の従兄弟《いとこ》である加藤清正の生誕地と伝えられる。付近一帯は中

大阪城西の丸庭園と天守閣（右）ここで平成中村座の大阪城公演が行われた

村公園になっていて、秀吉の叔父で、のちに岸和田城主となる小出秀政《こいでひでまさ》の屋敷跡や、秀吉の甥《おい》で、歌人として知られる木下長嘯子《きのしたちょうしょうし》（勝俊《かつとし》）の屋敷跡、秀吉と清正に関する歴史資料を収蔵・展示する名古屋市秀吉清正記念館などがあり、秀吉を祭神とする豊国《とよくに》神社も鎮《ちん》座《ざ》する。

初代勘三郎が生まれたとされる慶長三年は秀吉が伏見城で六十二年の生涯を閉じた年。初代勘三郎はまるで秀吉と入れ替わるように、秀吉生誕の地中村で生を享《う》けた。当時は秀吉やその一族のことをよく知る人々がたくさんいたであろうから、初代勘三郎は彼らから、〝郷土の英雄〟である秀吉のことをあれこれと聞かされて育ったに違いない。

平成中村座の大阪城公演は、こうした中村勘三郎家と秀吉との深い縁《えにし》を背景に実現した。歴史に造詣の深い勘三郎さんは、もちろん、勘三郎家の由緒や秀吉とのかかわりについてもよくご存じであった。そして、私に向かって少々自慢気に、「先生、現在活躍している役者の中でいちばん多く秀吉を演じているのは間違いなく私だと思いますよ」と、おっしゃった。その時の勘三郎さんの満面の笑みが今も忘れられない。

平成中村座の十月公演では、新作の「太閤桜」も上演され、秀吉役は中村橋之助さん、亡霊となった明智光秀役は中村獅童さんがそれぞれつとめられ、勘三郎さん自身は初代勘三郎の「猿若」を演じられた。クライマックス・シーンでは、舞台の後ろが開き、満開の桜の向こうに大阪城天守閣の勇姿が現れた。そのあまりの美しさに、劇場は毎回、大きくどよめいた。

この平成中村座の大阪城公演は多くの方々に大阪城天守閣の美しさを再認識していただく絶好の機会となった。勘三郎さんにはあらためて深く感謝申し上げるとともに、ご冥福をお祈りしたい。

（平成25年1月12日掲載）

秀吉ゆかりの天下茶屋

「軍《せんそう》」VS.「和《へいわ》」、薬の戦い

「天下茶屋」という地名は、豊臣秀吉が堺との行き来の途中で、この地にあった小兵衛《こへえ》の茶亭で茶を飲み、しばし休息したことに由来するという。「天下茶屋」は「テンガチャヤ」と読むが、秀吉在世当時の日本語について、イエズス会宣教師たちが作ったポルトガル語との対訳辞書（『日葡辞書《にっぽじしょ》』）によると、「テンカ」は「アメガシタ。君主の権、または国家」で、「テンガ」は「関白の官位」だったそうであるから、かつては「天下」を「テンカ」、「殿下」を「テンガ」と読んだらしい。だとすると「テンガチャヤ」は本来「殿下茶屋」で、のちに「天下」の字を宛てたことになる（跡部信「天下茶屋」）。

小兵衛の家は「芽木《めぎ》」姓を称し、紀州街道を往来する旅人相手に「軍中散《ぐんちゅうさん》」という薬を製造し、販売した。

ところが、そこに乗り込んで来たのが、近江国栗太《くりた》郡六地蔵村（現、滋賀県栗東市）に本店を持つ津田是斎《つだぜさい》で、こちらは「軍中散」に対し、「和中散《わちゅうさん》」を販売した。六地蔵村は、「梅木《うめのき》村」の別名でも呼ばれ、石部《いしべ》宿と草津宿との間に位置する東海道沿いの村で、名薬「和

中散」を売る店が立ち並ぶことで有名だった。

　寛政九年（一七九七）刊行の『東海道名所図会《ずえ》』には、巻之二に「梅木」の項があり、「本名六地蔵村なり。ここに和中散の薬店三軒ばかりあり、是斎を本家といふ」と記される。同じ寛政九年に刊行された『伊勢参宮名所図会』も巻之二に「是斎和中散」の項を設け、「元祖、津田宗左衛門藤原是斎なり」と紹介するが、その後ろに「同村に定斎と名乗りて家造り等格別にしつらひたるあり。この名を大隅《おおすみ》弥右衛門といふ」と記している。この「大隅（大角）弥右衛門」家の住宅は今も残り、国の重要文化財に指定され、「旧和中散本舗」の名称で国の史跡にもなっているが、実は「定斎」は島林家の号で、大隅家は正しくは「大隅是済」であり、「津田是斎」の「是斎」も、「大隅是済」もともに「ぜさい」と読み、島林家の「定斎」は「じょうさい」と読んだ。『東海道名所図会』にあったように三軒とも「和中散」を製造・販売したが、互いに激しい本家争いを演じ、訴訟にまで発展した。その際の史料などによると、どうやら「大隅是済」こそが最初に「和中散」を製造・販売した本当の〝元祖〟だったようであるが（井上優「街道薬・和中散の創製と展開について」）、「大隅是済」は他所《よそ》では一切販売しないという方針を頑固に貫いた。これに対して、最も後発だった

天下茶屋跡。かつての芽木邸の一画で、「天下茶屋跡」の石碑が立ち、土蔵が残る

「津田是斎」は、派手な宣伝活動を行い、京都や大坂・江戸などに積極的に支店を出し、店員に振売《ふりう》り箱を持たせて遠隔地まで行商も行った。その結果、「津田是斎」は知名度で他の二軒をはるかに凌ぎ、一般に「和中散」といえば「津田是斎」と認識されるようになった。

天下茶屋の「津田是斎」はこの近江・六地蔵村の「津田是斎」の支店であったが、こちらの支店もやはり商売上手で、「軍中散」の芽木家を圧倒した。『摂津名所図会』と『浪華《なにわ》の賑ひ』にはともに「名産和中散」の項があり、『摂津名所図会』には「天下茶屋村　是斎薬店」、『住吉名勝図会』には「天下茶屋村　ぜさい之図」の挿絵《さしえ》まで載せられるが、元来の「軍中散」はまったくその名が見えない。

この「津田是斎」の支店では、「和中散」は朝鮮伝来の妙薬の製法を同家の祖津田宗本《そうほん》が豊臣秀吉から伝授されたものであると言いたて、由緒に秀吉の名を持ち出して、元々は芽木家のものであった「天下茶屋」の呼称までわが物とするに至った。幕末安政年間（一八五四～六〇）に大坂および近郊の名所百ヶ所を描いた錦絵《にしきえ》のシリーズ作品『浪花《なにわ》百景』でも、「天下茶屋やぜさい」がその一つに選ばれている。

（平成25年2月2日掲載）

一心寺　大坂夏の陣の猛将 酒封じの神に

納骨・骨仏《こつぶつ》の寺として知られる一心寺《いっしんじ》。超モダンな新黒門を潜《くぐ》り、左に進むと、白壁に囲まれた一画に巨大な五輪塔が立つ。大坂夏の陣最後の決戦、慶長二十年（＝元和元年、一六一五）五月七日に戦死した徳川方の大名、本多忠朝《ただとも》の墓所である。忠朝は、「家康に過ぎたるものが　二つあり　唐《から》の頭《かしら》に　本多平八《へいはち》」とうたわれ、徳川四天王の一人に数えられる本多平八郎忠勝《へいはちろうただかつ》の次男で、当時下総《しもうさ》国大多喜《おおたき》五万石の城主だった。

忠朝は、前年の冬の陣の際、与えられた攻め口について、こんな深い沼地では大きな手柄を立てることなどできはしないと不満をもらし、家康に攻め口の変更を願い出たところ、「忠勝に似ぬ不肖の子。図体《ずうたい》だけは大きいが、何の役にも立たぬ」と散々に罵《ののし》られた。夏の陣で華々しく戦い、潔く討死することで、この恥辱を雪《すす》ごうと考えた忠朝は、大名の身でありながら、大身槍《おおみやり》片手に一騎駆けで敵陣へと突っ込み、大奮戦の末、戦死して果てたのである。

ところが一心寺に伝わる話はずいぶん違う。忠朝が家康からひどく怒られたのは、前日

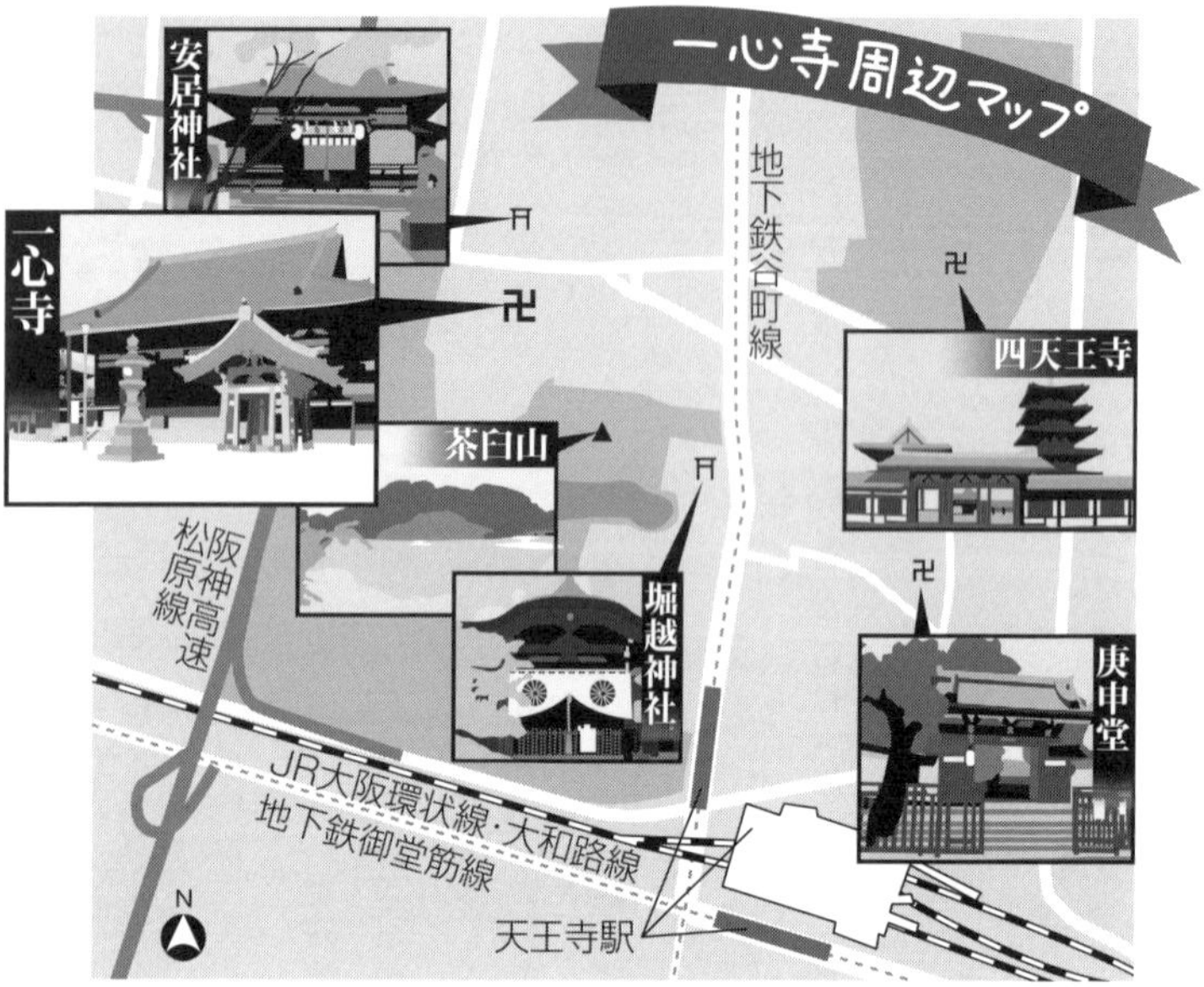

の五月六日の戦いに遅れたからで、遅れた原因は深酒による二日酔い。汚名を返上しようと見事戦死を遂げた忠朝であるが、死に臨んで、後世の人が自分のように酒で身を誤ることのないよう救いたいと願ったという。これにより、忠朝の墓石を削り酒に入れて飲むと酒断ちができるとの信仰が生じた。現在は墓石を削るのは禁止だが、酒封じを願って忠朝の墓所に参拝する人は絶えず、墓所の周囲にはそうした人々の奉納した断酒祈願の杓《しゃ》文字《もじ》がたくさん吊《つ》るされている。

忠朝の墓の周囲にはともに戦死した彼の家臣の墓碑も立ち並ぶが、一心寺の境内にはこのほか、開山堂近くに、やはり夏の陣最後の決戦で戦死した徳川家康の

大坂夏の陣で戦死した本多忠朝の墓。酒封じの信仰を集める

臣松平助十郎正勝、徳川秀忠の臣林藤四郎吉忠の墓もある。徳川幕府が編纂《へんさん》した『寛政重修諸家譜《かんせいちゅうしゅうしょかふ》』によると、松平正勝は大坂五人衆の一人である明石掃部《かもん》と戦って討死、林吉忠は高木正次に属して戦い、生玉坂で戦死したという。

一心寺墓地の西端には徳川方の青山忠俊の家臣で、やはり慶長二十年五月七日に戦死した津田権左衛門ら十四名の墓があり、青山家がのちに丹波国篠山藩主となったことから「篠山十四勇士の墓」と呼ばれている。墓石には、篠山藩の藩校振徳堂《しんとくどう》の学士をつとめた碩学《せきがく》で、藩学の始祖と称《たた》えられる関世美《せきときよし》の記した碑文が刻まれている。

これら大坂夏の陣戦死者の墓所がある一心寺では一五〇年忌・二百年忌といった節目ごとに大坂の陣戦没者供養の法要が盛大に営まれた。『摂陽《せつよう》奇《き》観《かん》』の明和元年（一七六四）条には「四月廿八日より　一心寺にて元和元年五月六日戦死百五十年忌法事執行　五月八日迄」、文化十一年（一八一四）には「五月　元和戦死二百年忌法事　一心寺にて修行」と記され、文政八年（一八二五）条には、「四月五日より十二日あかつき迄　一心寺にゐて慶長元和戦死　八万日供養」とある。

一心寺は、納骨・骨仏の寺であるとともに、まさに「『大坂の陣』の寺」でもあるが、宗派は徳川家の宗旨である浄土宗。境内に石碑が残る「霧降《きりふり》の松」は、徳川家康が真田幸村に追い詰められて窮地に陥った時、霧を噴いて、家康を救ったと伝えられる。その一心寺が、真田幸村最期の地とされ、毎年五月には幸村祭が行われて、多数の幸村ファンが集う安《やす》居《い》神社と、逢坂《おうさか》（国道25号線）を隔てて向き合うのもおもしろい。

（平成25年3月9日掲載）

豊臣秀次の娘

阪南の法福寺 手毬歌で残る悲話

文禄四年（一五九五）七月八日、関白豊臣秀次は、秀吉への謀叛《むほん》の罪を着せられて高野山に追放され、一週間後の十五日には切腹へと追い込まれた。

八月二日には、高野山から送られた秀次の首が京都・三条河原に据えられ、その首が見守る中、秀次の妻妾子女ら三十余名が次々と斬殺された。

その中の一人に「おこご（小督）の方」と呼ばれる側室がいた。小瀬甫庵《おぜほあん》（一五六四〜一六四〇）のまとめた『太閤記』には、「おこごの御方《おんかた》　廿一歳《にじゅういっさい》　泉州丹和息女」とあり、「生れきて　又かへるこそ　みちなれや　雲の往還《ゆきき》や　いともかしこし」という彼女の辞《じ》世《せい》が載せられている。「泉州丹和」は、すなわち和泉国日根郡淡輪《たんのわ》村（現、岬町淡輪）で、この淡輪には、織田信長と大坂本願寺との「石山合戦」などで、水軍を率い、信長方として活躍した淡輪徹斎《てっさい》がいた。おこごの方はこの徹斎の娘と伝えられる。

秀次事件に巻き込まれ、二十一歳の若さで非業の死を遂げたおこごの方であるが、彼女はこの時点で秀次との間に一子を儲《もう》けていた。その子は生まれたばかりで、しかも娘であ

ることから助命され、おこごの方の実家である淡輪家に戻されたという。

　けれども秀次の縁につながる淡輪家に置いたのでは、いつ何時追及の手が及ぶやも知れず、心配した同家では、この娘を波有手《ぼうで》村（現、阪南市鳥取）の豪族後藤家へ養女に出した。後藤家は淡輪家に養子入りした徹斎の実家だったと伝えられる。

　「お菊」と名付けられたこの娘は、後藤家ですくすくと成長し、風雲急を告げる慶長二十年（一六一五）四月二十一日、二十歳で、紀伊国名草《なくさ》郡山口庄（現、和歌山市里《さと》ほか）の豪族山口喜内の嫡男兵内に嫁いだ。

紀伊の国主浅野長晟《ながあきら》は大坂の陣で徳川方に与《くみ》したが、山口喜内をはじめとする名草郡・有田郡・日高郡の土豪たちは豊臣方に通じ、一揆を起こす計画を進めていた。兵内は結婚して間もなく大坂城に入城し、お菊は髪を切り男に変装して、舅《しゅうと》喜内からの密書を携え、大坂城との連絡役をつとめた。ところが帰途、樫井《かしい》川（泉佐野市）を渡る際に、肌身離さずにいた夫兵内からの密書を流されてしまったと伝えられる。時恰《あたか》も樫井合戦の直前で、周辺には徳川方の浅野勢と大野治房《はるふさ》を主将とする豊臣方の軍勢がひしめいていたという。この樫井合戦には、お菊にとっては伯父《おじ》（あるいは叔父《おじ》）にあたる淡輪六郎重政も豊臣方として参戦し、塙団右衛門とともに壮絶な討死を遂げている。

法福寺境内の「阿菊（おきく）之碑」。お菊供養のため昭和 46 年に建てられた

さて、大坂夏の陣で夫兵

内、舅喜内を失ったお菊は、陣後、養家の後藤家に戻って身を隠したが、お菊を捜していた浅野家の役人がとうとう姿を現した。自然田《じねんだ》村（現、阪南市自然田）に嫁いでいた義姉お梅が身代わりになろうとしたが、お梅の幼子《おさなご》が母にとりすがって泣いたため、身代わりであることがばれてしまい、ついにお菊は引き立てられて、慶長二十年六月六日、紀ノ川の田井之瀬《たいのせ》河原（現、和歌山市小豆島《あずしま》）で斬首されたと伝えられる。

　このお菊の悲話は五〇節にも及ぶ長大な手毬歌《てまりうた》として語り継がれてきた。お菊の養母お静は、お菊の死を憐れんで木像を造り、後藤家の菩提寺である法福寺《ほうふくじ》（阪南市鳥取）に納めたという。この木像は、寛政七年（一七九五）に同寺が火災で全焼したため失われ、今は安政五年（一八五八）に再興された木像が安置されている。また、昭和四十六年には同寺境内にお菊供養のための石碑も建立された。

　和歌山市里の遍照寺《へんじょうじ》には、お菊の夫山口兵内と舅喜内の墓がある。

（平成25年4月6日掲載）

後藤又兵衛生存伝説

各地に「最期の地」のしるし

慶長二十年（一六一五）五月六日の道明寺《どうみょうじ》合戦で後藤又兵衛基次《もとつぐ》は伊達政宗隊・松平忠明隊など、徳川方の大軍相手に大奮戦の末、壮絶な討死を遂げた。

最期にあたり又兵衛は、彼の麾下《きか》に属した吉村武右衛門《ぶえもん》（武兵衛《ぶへい》とも）に介錯《かいしゃく》を頼み、「我《わ》が首を決して敵に渡すな」と命じたという。武右衛門はその首を泥田の中に深く埋めて隠し、陣後ひそかにこれを掘り出して又兵衛の伯父が住職を務める伊予国の長泉寺《ちょうせんじ》（愛媛県伊予市）に届け、丁重に埋葬し、供養を依頼したと伝えられる。

現在、長泉寺は「後藤又兵衛公菩提《ぼだい》所」として伊予市指定史跡となっており、首塚は同寺近くの大塚家の屋敷地内にあるが、この又兵衛の塚について、『予陽郡郷俚諺集《よようぐんごうりげんしゅう》』は、「近世大阪の勇士後藤又兵衛、此所に蟄居《ちっきょ》して命を保つよし。所持武具、此所に残れり。又兵衛墓は寺の地北に一町許《ばかり》脇村に有之《これあり》」と記し、塚は首塚ではなく、大坂夏の陣後もこの地で生き延びた又兵衛の墓だと伝えている。

『伊予古蹟志』は「基次臣某代死、基次脱身潜匿于此」と記し、道明寺合戦で亡くなっ

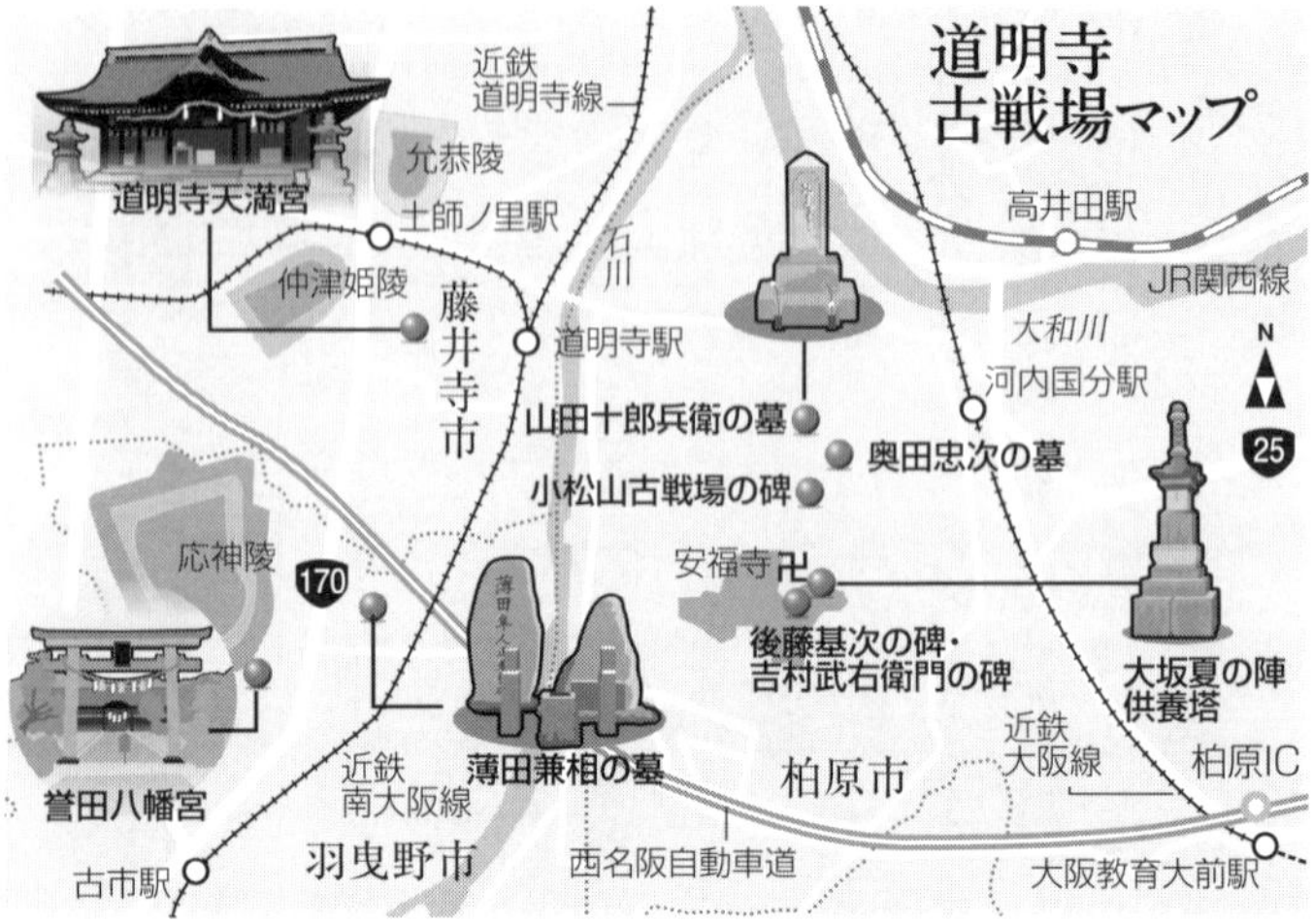

たのは影武者を務めた又兵衛の家臣で、又兵衛自身は戦場から逃れて伊予に身を隠したとしている。

『大洲旧記』にもやはり「此村長泉寺住僧は後藤又兵衛の伯父也。大坂落城の後、廻国《かいこく》の姿にて当国へ渡り」とあり、伊予での逸話を次のように書き留めている。

又兵衛が久万《くま》（愛媛県久万高原町）の岩屋寺に参禅していると、「まもなく国守《こくしゅ》様のご参詣である」との先触《さきぶ》れがあった。目を開いた又兵衛が、「国守とは加藤左馬介《さまのすけ》（嘉明）のことか」と尋ね返したので、使者は驚き、慌てて主君のもとへと戻り、やりとりの様子を伝えた。加藤嘉明はそれが又兵衛であると悟り、会えば厄介《やっかい》なことになりかねないと判断して、急遽《きゅうきょ》参詣を取り止め、城に引き返したという。

又兵衛は一生この地で暮らし、彼が廻国行者《ぎょうじゃ》に扮《ふん》するために用いた笈《おい》は長泉寺に残り、「村中《むらなか》、百姓屋敷に渠《かれ》が塚有《あり》」と記している。

夏の陣後も伊予で生存したという又兵衛の最期について興味深い話を伝えるのは神沢杜《かんざわと》口《こう》の著した『翁草《おきなぐさ》』である。

又兵衛は夏の陣の戦闘で負った傷を癒やすため、道後温泉（愛媛県松山市）を訪れた。湯治《とうじ》客が又兵衛であることを知った地元の人々は、又兵衛が湯船につかるのを見定めて、大勢で一斉に攻撃を仕掛けた。又兵衛は真っ裸で応戦したが、さしもの又兵衛も、戦傷の癒えぬ身で、しかも相手が多勢であったことから討ち取られてしまい、又兵衛の首は彼らによって江戸の幕府に送

柏原市片山町に立つ「後藤又兵衛基次奮戦之地」の石碑。この辺りが又兵衛最期の地ではないかとされる（現在は移設）

られた。

たいそうな恩賞が得られると期待していた彼らであったが、幕府から届いたのは、「後藤又兵衛は既に道明寺合戦において討死を遂げておる。にもかかわらず、今頃になって怪しげな首を届けるとはいかなることか。余計なことはするな」とのきついお叱りだったという。

目論《もくろ》みのはずれた彼らは、又兵衛の怨霊《おんりょう》が祟《たた》りをなすのではないかと、急におそろしくなり、弓槻権現《ゆづきごんげん》の境内に小さな祠《ほこら》を建て、「後藤明神《みょうじん》」と名付け、又兵衛の霊を祀《まつ》ったというのである。

後藤又兵衛の生存伝説は、伊予以外にも、豊前《ぶぜん》（福岡県・大分県）・豊後《ぶんご》（大分県）、下野《しもつけ》（栃木県）、紀伊《きい》（和歌山県）、薩摩《さつま》（鹿児島県）、備前《びぜん》（岡山県）などで語られ、又兵衛のものとされる墓も各地に存在する。

「又兵衛桜」で有名な奈良県宇陀市もその一つで、同所の薬師寺に墓があり、「法泉院量嶽安壽居士」という法名が刻まれている。

（平成25年5月11日掲載）

箕浦誓願寺事件

近江に潜んだ大野治房の嫡男

大坂の陣の時点で大坂城中第一の実力者だった大野治長《おおのはるなが》の弟に治房《はるふさ》がいる。穏健派の兄治長に対し、治房は徹底した主戦論者として知られている。

その治房の最期について、高柳光寿・松平年一著『戦国人名辞典』は「（慶長二十年）五月七日（大坂）城から脱出し京都で捕われて斬首」と記す。

ところが、大阪城天守閣所蔵の文書に、慶安二年（一六四九）二月十八日付の大野主馬《しゅめ》（治房）一類探索請書《いちるいたんさくうけしょ》があり、京都・若宮町（京都市下京区）の唯泉寺住職が、本山・西本願寺に対し、このたびの「大野主馬一類御穿鑿《ごせんさく》」について、私は「江州箕浦《ごうしゅうみのうら》誓願寺親子」のほかは一切存じません、と回答している。大坂夏の陣から三十年が経過しているのに、まだ大野治房の探索が続いているのである。大野治房は大坂城を脱出したものの、まもなく京都で捕われ、斬首されたのではなかったのか。

『戦国人名辞典』が記述の根拠にする「土屋知貞私記《つちやともさだしき》」で該当部分を確認すると、たしかに「大野主馬、（五月）七日落《おっ》、京都ニテ後生《のちい》け捕《ど》られ、首を刎《は》ねらるト」とある。け

れど最後の「ト」が問題で、「土屋知貞私記」自体は同時代史料でその内容は信頼に値するが、最後の「ト」は、治房の最期に関するこの情報が伝聞に過ぎないことを示している。

　実際には、治房は斬首などされてはおらず、慶安二年になっても、探索が続けられていたのである。同年二月八日付で京都所司代《しょしだい》板倉重宗《いたくらしげむね》が出した触書《ふれがき》も残っており、そこには、「大野治房は今なお存命であるらしい。年齢は七十二、三で、背丈《せたけ》は中くら

藤井寺市大井の大井御坊誓願寺

い、やせも太りもせず、色黒な男」との人相書《にんそうがき》がしたためられている。そして、この人相書の前には、「大野治房の子宗室《そうしつ》が近江《おうみ》にいたのを捕えた。宗室の母で治房の妻であるいんせいも捕えた」と記されている。

先の大野主馬一類探索請書に「箕浦誓願寺親子」とあったが、箕浦は滋賀県米原市の地名で、かつてここに誓願寺という浄土真宗本願寺派の有力寺院があった。この誓願寺住職の妻が大野治房の「惣領娘子《そうりょうむすめご》（長女）」で、大坂の陣後、治房の妻いんせいは徳川家康に助命され、娘を頼って誓願寺に身を寄せた。したがって、いんせいが暮らしていることは何ら問題なかったが、治房の嫡子宗室

（宗説《そうせつ》とも）までもが誓願寺に潜んでいたのである。豊臣方の落《お》ち武者《むしゃ》狩りがひと段落し、社会も落ち着いてきたので、宗室は彦根城下に移り、子供相手に手習《てなら》いを教え、生計を立てていたが、同じ彦根城下に誓願寺の末寺があった。この寺の僧が博打《ばくち》好きで、素行《そこう》の悪さが目に余るので、宗室は義兄の誓願寺住職にこの僧の追放を進言した。寺を追い出された僧は、故郷の摂津国高槻（大阪府高槻市）に戻ったが、逆恨《さかうら》みをして、「大野治房の嫡子を箕浦誓願寺が匿《かくま》い、彼ら豊臣方残党と西本願寺が手を組み、徳川幕府の転覆《てんぷく》を企てている」と、高槻城に訴え出た。驚いた高槻藩では、すぐに京都所司代や江戸の老中にこの旨を伝え、幕府は彦根藩に大野宗室の捕縛《ほばく》を命じた。捕えられた宗室は京都に送られ、三條河原で斬首。幸い宗室の母いんせいと姉は助命された。

これが「箕浦誓願寺記」に記された事件の顛末《てんまつ》で、この事件を機に幕府はあらためて豊臣方残党の探索に乗り出すこととなった。

誓願寺も破却の憂《う》き目《め》をみたが、同寺は大和国吉野（奈良県吉野町）の飯貝《いいがい》御坊《ごぼう》本善寺とともに、蓮如上人以来、歴代本願寺門主の分骨を与えられるほど由緒《ゆいしょ》ある寺院であったため、元禄三年（一六九〇）河内国に再興されることになった。これが藤井寺市大井《おおい》の大井御坊誓願寺で、箕浦以来の什宝《じゅうほう》・古文書を今に伝えている。

（平成25年6月1日掲載）

後藤又兵衛の長男

逃亡↓百姓↓捕縛↓解放…

大坂夏の陣から三十年余りが過ぎた慶安二年（一六四九）二月、近江国箕浦《みのうら》（滋賀県米原市）の誓願寺《せいがんじ》が大野治房《おおのはるふさ》の息子らを匿《かくま》い、豊臣方残党と西本願寺が結託して謀叛《むほん》を企てているとの訴えがなされ、まもなく大野宗室《そうしつ》が捕えられ、京都・三條河原で処刑された。

この「箕浦誓願寺事件」を機に、徳川幕府は再び豊臣方の残党狩りに乗り出した。

翌月に早速、和泉国淡輪《たんのわ》村（岬町）で後藤又兵衛《ごとうまたべえ》の長男佐太郎《さたろう》が捕縛《ほばく》された。幕府の正史『徳川実紀』は慶安二年三月二十三日条に「大坂籠城の士後藤又兵衛が子隠れいたるを、大坂の代官所に搦《からめ》とり、京職《きょうしき》のもとへ送る。年齢五十四、五なりとぞ」と記している。大坂代官所に捕えられた佐太郎は「京職」、すなわち京都所司代板倉重宗《しょしだいいたくらしげむね》のもとへ送られ、取り調べを受けたのである。

その際の佐太郎の供述書が「後藤又兵衛子左太郎申分」で、これによると、佐太郎は幼い頃に疱瘡《ほうそう》（天然痘《てんねんとう》）を患《わずら》い、それが原因で両腕が曲がらなくなったという。そうした体では武士として身を立てるのは困難との父又兵衛の判断により、佐太郎は十二、三歳で出

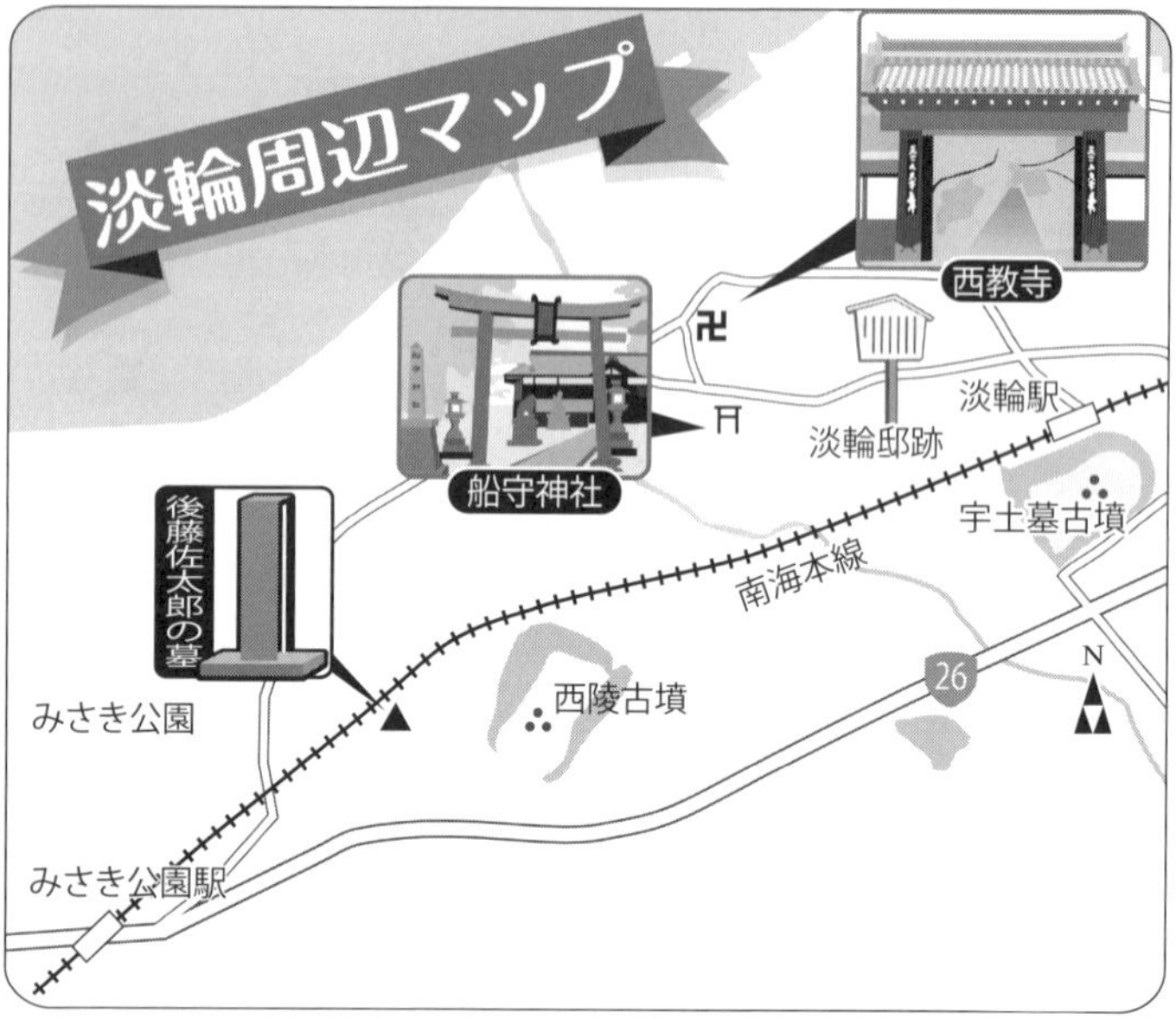

家させられ、姫路城下の法華宗《ほっけしゅう》寺院正蓮寺《しょうれんじ》の弟子になった。

慶長十九年（一六一四）に大坂冬の陣が起こると、父又兵衛は大坂城に入城するが、又兵衛は豊臣家からすると「新参者《しんざんもの》」であったため、人質の提出を求められた。又兵衛は自身の母を差し出したが、豊臣家側は納得せず、僧になっていた佐太郎が大坂城に呼び出され、彼もまた人質とされた。

こうして佐太郎は大坂城内に暮らすことになったのであるが、父又兵衛は翌年五月六日、大坂夏の陣道明寺合戦《どうみょうじかっせん》で壮絶な討死《うちじに》を遂げる。

又兵衛戦死の報が大坂城に届くと、佐太郎は、父又兵衛が率いた軍勢の指揮を命じられ、僧侶の身でありながら一軍の将となった。

ところが、その日の夜、実は又兵衛は戦死したのではなく、豊臣方を見限り、徳川方に寝返ったのだという噂が大坂城中に流れ、評議の結果、佐太郎は身柄《みがら》を拘束《こうそく》され、本丸に留め置かれることになった。

翌五月七日の昼、ついに大坂城が落城。佐太郎は何とか無事に大坂城から脱出し、姫路・正蓮寺の本山である京都・本禅寺《ほんぜんじ》（京都市上京区）を頼って落ち延び、四、五日身を寄せたのち、幕府の探索から逃れるため、各地を転々とした。

淡輪の「西の三昧」にある後藤又兵衛の長男佐太郎の墓

逃亡生活は五年余に及んだが、ようやく幕府が大坂の陣で大坂城に籠城した浪人衆の赦免《しゃめん》を決定。諸大名に彼らを家臣として召し抱えてもよいと伝えたが、体が不自由な佐太郎は、仕官《しかん》は無理と判断し、淡輪村に住みつき百姓《ひゃくしょう》になった。新左衛門という百姓の娘婿《むすめむこ》となって男児二人を儲《もう》け、長男が今年で十六歳、次男が十三歳になったと語っている。

佐太郎自身は大坂の陣の時点で十九歳、慶安二年のこのとき五十四歳であったと述べているから、彼は慶長元年の生まれであった。

取り調べの結果、佐太郎に謀叛の意志など微塵《みじん》もないと判断した板倉重宗は彼を解放したが、但し「現住所を去るべからず」と条件を付けた。佐太郎はその言い付けを守り、五年後の承応三年（一六五四）淡輪村で五十九年の生涯を閉じた。佐太郎の長男正利《まさとし》は、同村に父佐太郎の墓を建立し、「照白院永霜立長居士　承応三年甲午十一月十九日終　姓名後藤佐太郎藤原正方　又兵衛正次之子也　寛文十年忌日孝子八助正利立」と刻んだ。

この正利は大坂城代の青山宗俊《あおやまむねとし》に召し出されて同家家臣となり、青山家がのちに丹波・亀山を経て、丹波・篠山藩主となったことから、佐太郎の子孫は篠山藩士として幕末まで存続した。

（平成25年7月6日掲載）

後藤又兵衛の子供たち

遠く離れた兄弟姉妹 緊密な連絡の跡

後藤又兵衛《ごとうまたべえ》の長男佐太郎《さたろう》は、大坂夏の陣後、各地を流浪《るろう》した末、和泉国淡輪村《たんのわ》（岬町）に定着し、百姓《ひゃくしょう》となっていたが、近江《おうみ》に潜伏《せんぷく》していた大野治房《おおのはるふさ》の嫡男宗室《ちゃくなんそうしつ》が捕縛《ほばく》され、処刑された「箕浦誓願寺《みのうらせいがんじ》事件」のあおりを食って、慶安二年（一六四九）三月、大坂代官所に捕えられ、京都所司代《しょしだい》板倉重宗《いたくらしげむね》のもとへと送られ、取り調べを受けた。そのときの佐太郎の供述書が「後藤又兵衛子左太郎申分」で、そこには佐太郎自身の境遇のほか、彼の兄弟姉妹の近況についても記されている。

それによると、又兵衛の次男は「又市《またいち》」といい、細川忠興《ほそかわただおき》の家臣だったという。父又兵衛が主君黒田長政《くろだながまさ》と対立して同家を出奔《しゅっぽん》した折、まず忠興のもとに身を寄せたが、それから一、二年ののち、又兵衛は信頼する忠興に又市を預けた。夏の陣後、忠興は自らの家臣に又兵衛の息子がいることを幕府に申し出たが、又市が細川家に仕えたのは大坂の陣勃発《ぼっぱつ》のはるか以前であり、何ら問題はないとの回答を得たという。

又市は既に病死したが、三人の男子があり、長男与兵衛《よへえ》が父の後を継いで熊本藩主細川

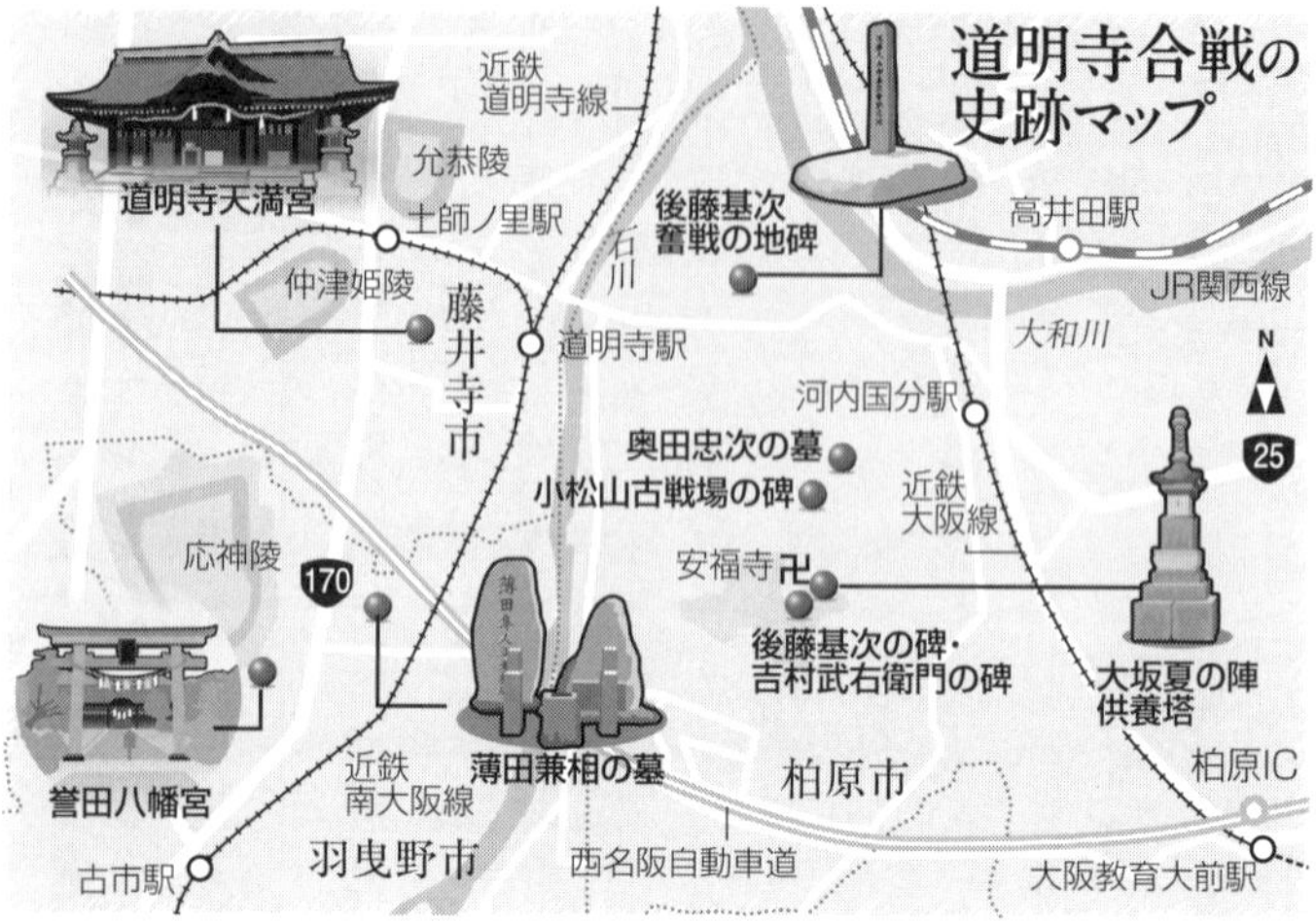

家に仕え、次男三之助《さんのすけ》、三男小源太《こげんた》は、五、六年前の時点では、まだ出仕していなかったという。

又兵衛の三男は「久馬助《くめすけ》」というが、佐太郎・又市とは母が違い、彼らの母が離縁となったのち、後妻が生んだ子で、夏の陣の際にはまだ三歳の幼児に過《す》ぎなかった。久馬助の母は池田輝政《いけだてるまさ》の家臣三浦主水《みうらもんど》の妹であったため、久馬助は母とともに母の実家三浦家に引き取られ、「三浦」姓を称して、鳥取藩主池田光仲《みつなか》の家臣になった。五、六年前の時点では、久馬助はまだ正室を迎えていなかったが、側室との間に男児一人を儲《もう》けていたという。

又兵衛にはこの他、娘が三人あり、長女は福岡藩主黒田忠之《ただゆき》の家臣野村大学《のむらだいがく》の室、次女は池田光仲の家臣深田七郎兵衛《ふかだしちろべえ》の室になっており、三女は未だ嫁がず、久馬助の世話になっているという。

それにしても、淡輪とは遠く離れた鳥取や福岡・熊本で暮らす兄弟姉妹の近況を佐太郎がきわめて正確に把握していることには驚かざるを得ない。幕府による豊臣方残党の探索から逃れるため、佐太郎は五年余りも各地を転々としたが、その間も、弟の又市・久馬助から経済援助を受け、淡輪村で百姓となって三十年近く経《た》った今も、変わらず弟たちの世話になっている、と供述しているから、彼ら兄弟が緊密に連絡を取り合っていたことが知られる。

後藤又兵衛が奮戦した大坂夏の陣小松山古戦場跡の石碑＝柏原市玉手町

佐太郎が供述書で述べたことは全て、池田家・細川家・黒田家側の史料からも確認できるので、紛れもない事実であったが、実は佐太郎には異腹の兄が二人いた。

一人は「左門《さもん》」で、彼は慶長十六年

（一六一二）に捕えられ、毛利《もうり》家で幽閉《ゆうへい》されていた。幕府は毛利家に対して、左門を将軍秀忠《ひでただ》のもとへ送るよう指示を出し、左門を人質に取り、又兵衛に寝返りを促そうとしたが、左門は父に迷惑をかけてはならぬと、見張りの中間《ちゅうげん》たちを斬って脱出し、自害を遂げた。

もう一人は「弥八郎《やはちろう》」で、「奥村《おくむら》」姓を称し、加藤忠広《かとうただひろ》に仕えて、千石を領する大身《たいしん》であった。加藤家では、大坂の陣後、重臣加藤美作《みまさか》と加藤右馬允《うめのじょう》の対立が激化し、幕府をも巻き込む事態へと発展したが、詮議《せんぎ》の結果、美作派が大坂の陣で豊臣方に加担した事実が判明し、将軍秀忠の直裁《とくさい》で美作派が処分された。その際、切腹を申し付けられた面々の中に「後藤又兵衛子　奥村弥八郎」の名が確認できる。

佐太郎は京都所司代の取り調べに対して、決して嘘《うそ》はつかなかったが、幕府の疑惑を招きかねない不都合な事実には蓋《ふた》をしたのである。

（平成25年8月3日掲載）

島左近の墓

通説 異説…大阪にも存在

世に「三成《みつなり》に　過ぎたるものが二つあり　島《しま》の左近《さこん》と　佐和山《さわやま》の城」とうたわれた石田三成の重臣島左近。三成の所領が四万石だった時に半分の二万石を与えて左近を召し抱えたとの有名な逸話《いつわ》が伝えられる。

島氏は大和《やまと》国平群《へぐり》谷（奈良県生駒郡平群町）を本拠とし、奈良・興福寺の一乗院《いちじょういん》に属した。戦国時代には、同じく一乗院に属する筒井《つつい》氏が大きく勢力を伸張させたので、島氏はこの筒井氏に仕えた。左近も筒井順慶《じゅんけい》の家臣となり、松倉右近《まつくらうこん》とともに、「筒井の右近・左近」と並び称される有力武将となった。順慶は豊臣政権下、大和郡山城主となり、大和一国を領したが、天正十二年（一五八四）に病没。養子の定次《さだつぐ》が家督《かとく》を継いだが、翌十三年に伊賀上野城へ転封になった。左近は、この定次と反りが合わず、筒井家を退去。浪人となり、やがて三成に召し抱えられた。

慶長五年（一六〇〇）の関ヶ原合戦においては、三成が西軍の事実上の主将であった。左近は九月十四日の杭瀬川《くいせがわ》の戦いで、東軍の中村一栄《なかむらかずひで》・有馬豊氏《ありまとようじ》隊を撃破し、その実力を

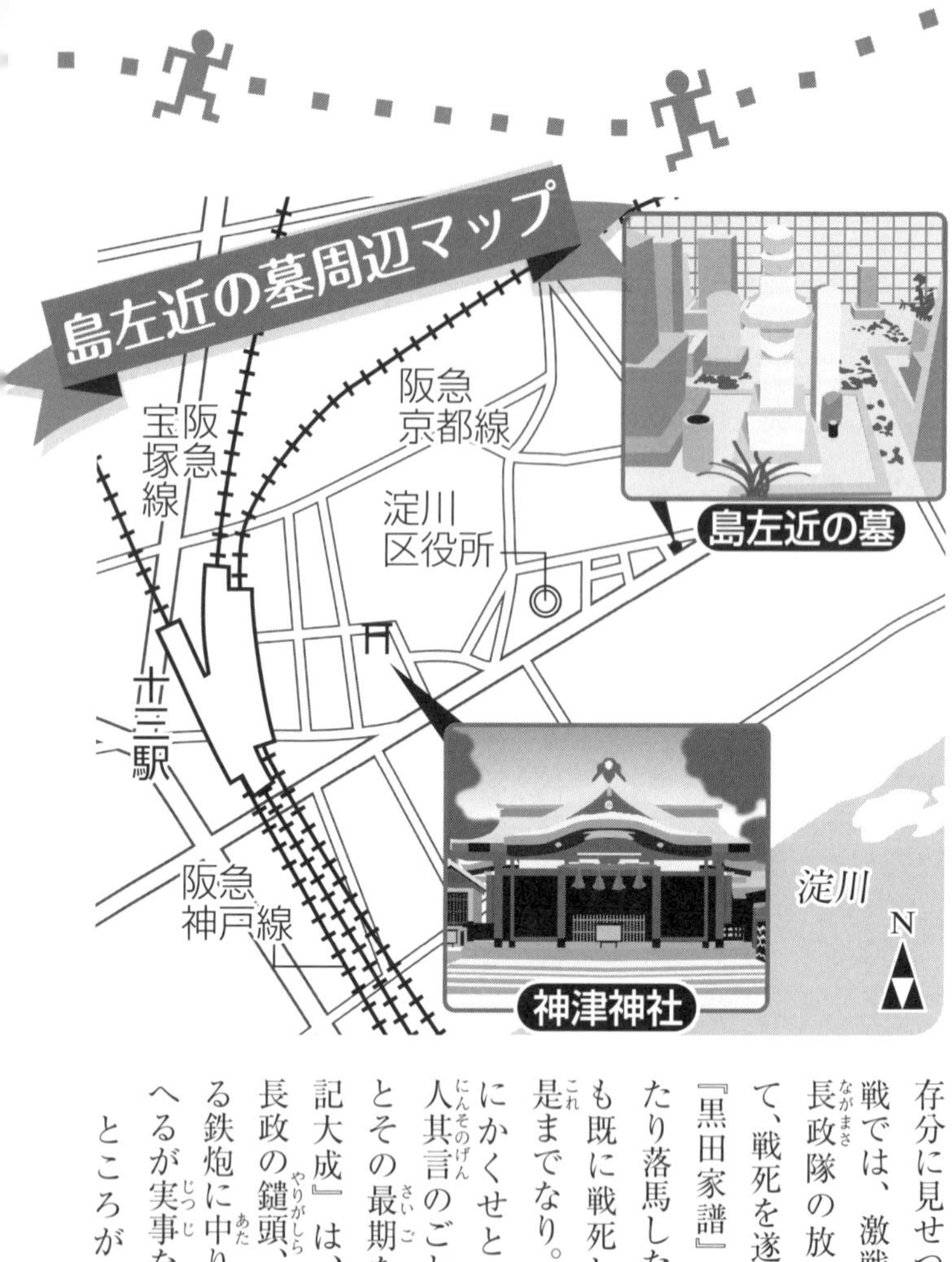

存分に見せつけたが、翌日の決戦では、激戦の最中《さなか》、東軍黒田《くろだ》長政《ながまさ》隊の放った鉄砲に撃たれて、戦死を遂げたと伝えられる。

『黒田家譜』は、鉄砲の弾が当たり落馬した左近は、嫡子新吉《ちゃくししんきち》も既に戦死したと聞き、「扨《さて》は是《これ》までなり。我首《わがくび》をあげて深谷《しんこく》にかくせといひ付ければ、家《け》人其言《にんそのげん》のごとくにしたりける」とその最期《さいご》を記し、『関ヶ原軍記大成』は、「島左近は、黒田長政の鑓頭《やりがしら》、菅六之助《かんろくのすけ》が打たする鉄炮に中《あた》りて、死亡せしといへるが実事《じつじ》なるべし」とする。

ところが一方で、『戸川記《とがわき》』

には、「嘉明《よしあき》の先手《さきて》と戦《たたかい》、切死《きりじに》せし大将は島左近也と云《いえ》り」とあり、東軍加藤嘉明隊の先《せん》鋒《ぽう》を務めた戸川逵安《みちやす》の軍勢が島左近を討ち取ったとする。この戸川家は江戸時代、備中《びっちゅう》国都宇《つう》郡（岡山市ほか）などに所領を持つ旗本《はたもと》として幕末に至ったが、同家には島左近着用とされる五十二間《けん》の筋兜《すじかぶと》が伝来した。のち久能山東照宮《くのうざんとうしょうぐう》に奉納され、現在は同宮の所蔵品となっているが、総覆輪《そうふくりん》の豪華な兜である。

大阪市淀川区十三東３の木川町共同墓地にある島左近の墓

左近は黒田長政隊の鉄砲に撃たれて戦死したとするのが通説であるが、戸川家では、戸川逵安隊が左近を討ち取ったとし、証拠品まで存在するのである。

けれども、実は関ヶ原合戦後の首実検《くびじっけん》に左近の首はかけられておらず、左近討取の戦功も正式な認定はなされていない。

さて、京都市上京区

の立本寺《りゅうほんじ》に左近の墓がある。墓石正面に「妙法院殿《みょうほういんでん》嶋左近源 友之《みなもとのともゆき》大神儀」、裏面には「寛永九壬申六月二十六日歿《ぼつ》」と刻まれ、台石正面には「土葬」とある。立本寺は日蓮宗《にちれんしゅう》の本山で、同寺塔頭の教法院《きょうほういん》には同じ没年を記した過去帳《かこちょう》・位牌《いはい》も伝えられる。これらによると、左近は関ヶ原合戦で討死したのではなく、合戦後三十二年も生きながらえ、寛永九年(一六三二)に亡くなったことになる。実際、関ヶ原合戦後の左近生存を伝える史料は多く、『石田軍記』などは、嫡子新吉が戦死したにもかかわらず、それを承知で西国に落ち延びた左近を、「島左近は、まざまざと愛子《まなご》の討たるるを、援《たす》けんと思ふ心もなく、空知《そらし》らずして落行《おちい》きし」と非難する。

寛永九年死去説もまた、通説に対する有力な異説であるが、大阪市淀川区の木川《きがわ》町共同墓地にも、島左近の墓がある。同地に伝わるところでは、島左近が妻と娘を連れてこの地に住み、娘は大阪天満宮社家(現、宮司家)の寺井《てらい》家に嫁いだという。「寺井家系図」には、五代種定《たねさだ》の妻について、「大坂浪人島左近道斎の女《むすめ》」とあり、大阪市北区の南浜《みなみはま》墓地にある彼女の墓には「島氏女」と刻まれている。

(平成25年9月7日掲載)

ガラシャの生涯

1698年、ウィーンでオペラに

明智光秀の三女玉子《たまこ》は、天正六年（一五七八）に十六歳で、細川藤孝《ふじたか》の嫡男忠興《ただおき》に嫁いだ。しかし、幸せな結婚生活は長く続かず、天正十年六月二日に父光秀が謀叛《むほん》（本能寺の変）を起したことで、玉子は離縁され、山深い丹後の味土野《みどの》（京都府京丹後市弥栄町《やさか》）に幽閉《ゆうへい》された。

その後、明智光秀・柴田勝家を滅ぼした羽柴秀吉が信長後継者の座を不動のものとし、天正十一年九月一日から、天下統一の拠点として大坂城を築き始める。翌年、忠興は玉子との復縁を願い出、秀吉がこれを許可した。

長い幽閉生活から解放され、晴れて大坂城下の細川屋敷に迎え入れられた玉子であったが、そこに待っていたのは、厳しい監禁生活であった。嫉妬《しっと》深い忠興は玉子に一人の家臣を付け、玉子とその侍女らの日常生活を徹底的に監視させた。その結果、玉子は極度の鬱《うつ》病《びょう》に悩まされることになる。そんな彼女を救ったのがキリスト教であった。

夫の留守中、侍女らに紛れて屋敷を出た玉子は、大坂城下の教会を訪れ、キリスト教の

教えに対する疑問を次々とぶつけ、修道士《しゅうどうし》の回答に納得すると、彼女は熱心なキリシタンとなった。一人でも多くの人々をキリシタンとすることに生きがいを見出した玉子は、細川屋敷の家臣、侍女らを次々とキリシタンに改宗させた。

驚いたのは九州攻めから戻った忠興だった。九州平定を終えた秀吉が、天正十五年六月十九日に博多でキリシタン禁教令を出していたのである。家臣や侍女に凄まじい虐待《ぎゃくたい》を加え棄教《ききょう》を迫る忠興に、玉子は殉教《じゅんきょう》をも辞さぬ覚悟で対抗した。キリシタンとして生き抜くことを決意した玉子は、屋敷から出ることのできない身であったため、既に洗礼《せんれい》を受けていた侍女頭《がしら》のマリア（清原いと）に、教会で洗礼の方法を学んでくるように指示した。玉子はマリアによって洗礼を受け、「ガラシャ」（恵み、恩寵《おんちょう》などの意）の名を授かるのである。

慶長三年（一五九八）に秀吉が亡くなると、徳川家康が実権を握る。慶長五年六月、家康は上杉景勝《かげかつ》を征伐するため、諸将を率いて会津へと向かった。その隙《すき》をついて、石田三成が打倒家康の兵を挙げる。三成は大坂城下の諸大名の屋敷に使者を派遣し、妻子を人質として差し出すよう要求した。

越中井（左）と、ガラシャの辞世和歌が刻まれた石碑

忠興が会津に出陣中であった細川屋敷にも、三成の使者が訪れたが、ガラシャは敢然と要求をはねつけ、武力にものをいわせてでも押し取るという威《おど》しに

も全く動じる気配を見せなかった。

ガラシャは、屋敷内にいた娘の多羅《たら》や万《まん》、長男忠隆《ただたか》の妻千代《ちよ》（前田利家の娘）らを屋敷から脱出させた上で、キリシタンは自害が許されないため、家老の小笠原少斎《おがさわらしょうさい》に命じ、その手にかかって最期を遂げた。

大阪市中央区森ノ宮中央二丁目の「越中井《えっちゅうい》」は、悲劇の舞台となった細川屋敷の井戸と伝えられる。「越中」は細川越中守《えっちゅうのかみ》忠興の「越中守」に由来する。「越中井」の石碑側面には、「散りぬべき　時知りてこそ　世の中の　花も花なれ　人も人なれ」というガラシャの辞世和歌《じせいのわか》が刻まれている。

熱心なキリシタンとして生きたガラシャの生涯は、イエズス会の宣教師たちによってヨーロッパに伝えられ、その実話に基づき、一六九八年にオペラ「タンゴ・グラーチア（丹後のガラシャ）～勇敢なる貴婦人～」が制作された。初演は神聖ローマ帝国の首都ウィーンのハプスブルク家王宮内で行なわれ、音楽は当時人気のシュタウトが作曲した。このオペラは、とりわけハプスブルク家の女性たちに愛好され、女帝マリア・テレジアや、その娘でフランス王妃となったマリー・アントワネットらもガラシャの生き様に深い感銘を受けたと伝えられる。

（平成25年10月5日掲載）

特別史跡大坂城跡

史跡・重要文化財指定から60年 価値の再認識を

姫路城がユネスコの世界文化遺産に登録されるなど、日本の城郭は今や日本が世界に誇る文化財となった。しかし、明治維新の直後には、城郭は前代の封建制の遺物として破壊される運命にあった。

明治六年(一八七三)、新政府は新たに皇居となった江戸城を含む四三城と一要害の存続、そして一四四城、一九要害、一二六陣屋の廃城を決定した(廃城令)。存続を許された城郭は陸軍用地としての必要性が認められたからで、近代陸軍にとって不要と判断された城郭建造物は破壊されたり、民間に払い下げられたりした。

現在国の重要文化財(平成二十七年七月に国宝指定)となっている松江城の天守も、明治八年に払い下げが決定した。けれども、地元の豪商や旧藩士が落札価格を国に納め、何とか保存を実現した。名古屋城と姫路城の建造物も取り壊しが決まったが、当時、陸軍省第四局長代理であった中村重遠《しげとお》大佐の努力により、極めて例外的に存続が決まった。

明治三十年、現在の文化財保護法の前身にあたる「古社寺保存法」が制定されたが、保

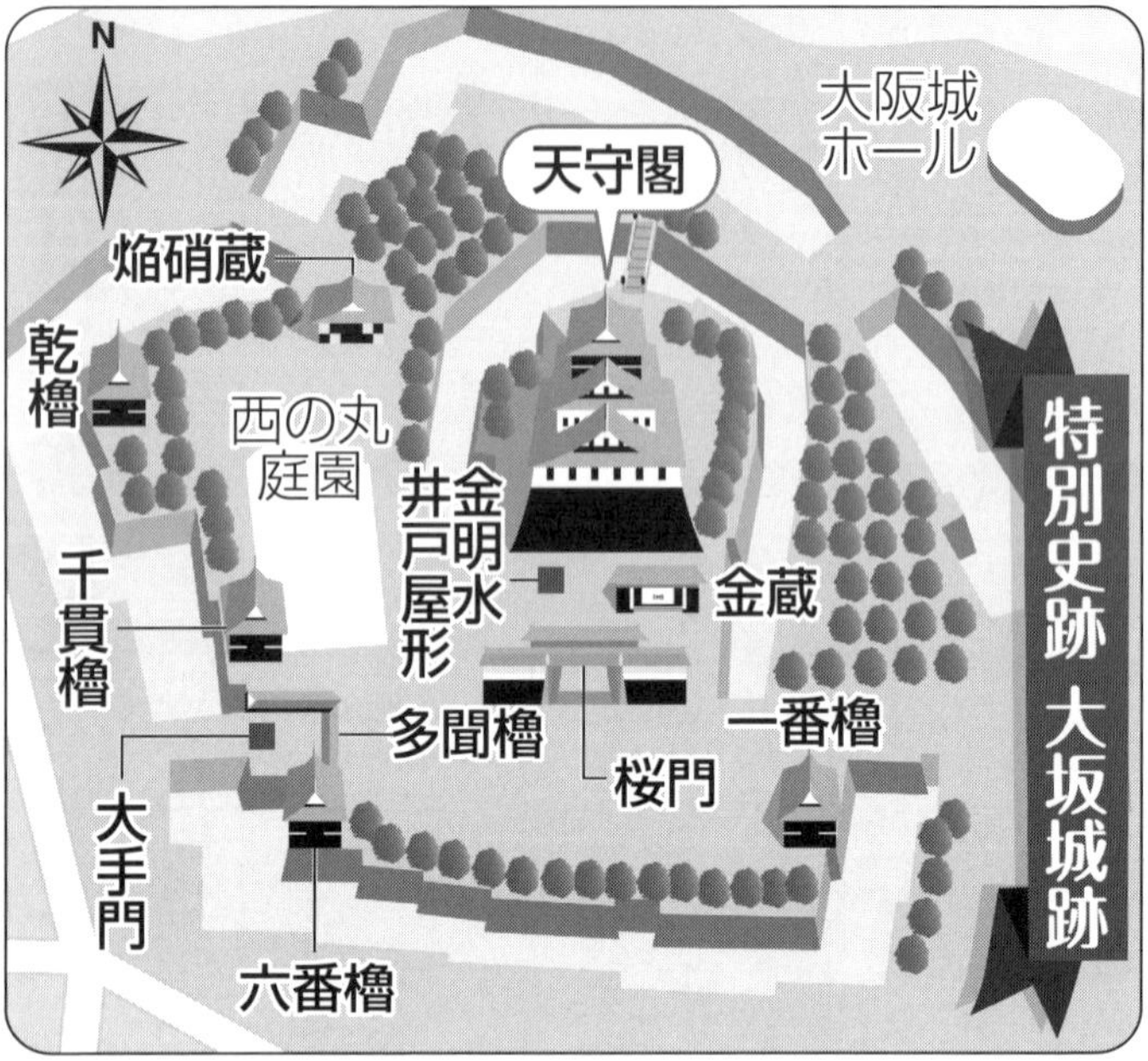

存の対象とされたのは「古社寺の宝物」で、城郭などまったく視野に入っていなかった。

　ところが、明治三十六年に大阪で開催された第五回内国勧業博覧会、同四十年の東京勧業博覧会で、愛知県は名古屋城の模擬建造物を造って売店を営業。名古屋城を愛知県のシンボルと位置付けた。さらに、明治三十九年には甲府城址、明治四十三年には岐阜城址に、それぞれ模擬天守が建てられた。

　学問的にも城郭への関心が高まり、明治四十三年に歴史学者の大類伸《おおるいのぶる》が学術雑誌『国華』に論文「本邦《ほんぽう》城郭の美観」を発表。そこで

昭和６年復興の天守閣がそびえ、13 棟の古建造物が残る「特別史跡　大坂城跡」

初めて「天守閣」という学術用語を用いた。大類はまた、大正六年（一九一七）には史蹟名勝天然記念物協会の招きで「本邦の城郭に就て」と題して講演も行っている。

昭和四年（一九二九）、「古社寺保存法」が「国宝保存法」に改められ、翌五年、名古屋城が城郭として初めて国宝（旧国宝）に指定された。昭和六年には姫路城・岡山城・福山城・広島城、九年には九岡城・宇和島城・高知城、十年には犬山城・和歌山城・松山城・松江城と、各地の城郭が続々と国宝に指定された（木下直之「近代日本の城について」）。

「無用の長物」とされた城郭が、明治維新から六十年を経てようやく歴史的存在となり、文化財としての価値が認識されるようになったのである。

大阪城は、明治六年に存続が許された城郭の一つであったが、昭和二十年の終戦まで第四師団司令部と中部軍司令部が併置されるなど、わが国有数の陸軍の拠点であり続けた。そのため、戦前には、大阪城に文化財の指定は及んでいない。

第二次大戦の空襲では、京橋門や京橋口多聞櫓《たもんやぐら》、伏見櫓、坤櫓《ひつじさる》、一番櫓など、貴重な建造物がいくつも焼失した。辛うじて焼失を免れた建造物も甚大な被害をうけ、昭和二十五年九月のジェーン台風がさらに追い打ちをかけた。

昭和二十八年、大阪市は大阪府などとともに、「大阪城修復委員会」を立ち上げ、市民に寄付金を募り、大阪城の古建造物の修復に乗り出した。同年三月三十一日、大阪城一帯が国の史跡に指定され、さらに六月十三日には、千貫《せんがん》櫓・乾《いぬい》櫓など一三棟の古建造物が国の重要文化財の指定を受けた。二年後の昭和三十年には史跡が特別史跡に格上げとなった。特別史跡の指定は、現在でも全国で六十一カ所に過ぎない。大阪城が日本の歴史上に果たした役割はそれほど大きく、文化財としての価値もそれほど高い。今年は昭和二十八年の史跡・重要文化財の指定から六十周年。この機会に、大阪城の価値をぜひとも再認識いただきたい。

（平成25年11月2日掲載）

秀吉と利休

「黄金の茶室」は2人の合作？

千利休（一五二二〜九一）は、堺の納屋衆《なやしゅう》の一人であった豪商・田中与兵衛《よへえ》の子で、名を「与四郎《よしろう》」といった。十七歳で北向道陳《きたむきどうちん》に入門、さらに道陳の紹介で武野紹鷗《たけのじょうおう》の門下となり、茶の湯を学んだ。

与四郎は、堺・南宗寺《なんしゅうじ》の開山大林宗套《だいりんそうとう》に参禅して「宗易《そうえき》」の法諱《ほうき》を賜り、「千宗易」を名乗ることになった。宗易が「田中」の苗字《みょうじ》を「千」に改めたのは、宗易の祖父（与兵衛の父）が室町幕府の八代将軍足利義政の同朋衆《どうほうしゅう》で、「千阿弥《せんあみ》」を名乗ったことに由来するという（『千家由緒書』）。

宗易は、同じ堺衆の今井宗久《いまいそうきゅう》・津田宗及《つだそうぎゅう》とともに織田信長の茶頭《さどう》を務め、信長亡き後、秀吉の時代になってからは、先輩格の宗久・宗及を追いぬき、茶頭衆の筆頭に踊り出た。

天正十三年（一五八五）七月十一日、秀吉は朝廷から従一位関白に任ぜられ、同年九月九日には「豊臣朝臣《とよとみのあそん》」という新たな氏姓まで賜った。これに感謝した秀吉は、御礼として、同年十月七日に禁中《きんちゅう》で前代未聞の茶会を開催。秀吉自ら茶を点《た》て、正親町《おおぎまち》天皇に献じた。

このとき秀吉の後見役を務めた宗易に、朝廷から「利休居士《りきゅうこじ》」の号が贈られたと伝えられる。

翌天正十四年正月十五日に、秀吉は再度禁中茶会を催し、今度は大坂城から「黄金の茶室」を御所に持ち込んでいる。

同年四月五日、島津氏に攻められ窮地に陥った豊後《ぶんご》の戦国大名・大友《おおとも》宗麟《そうりん》が秀吉に救援を依頼するため、大坂城を訪問した。その際宗麟は、秀吉の弟秀長から、「内々の儀は宗易、公儀の事は宰相《さいしょう》（秀長）存じ候」と告げられている。豊臣政権との公式のやりとりは秀長、内々に秀吉へ取り次いで欲しい時には宗易（利休）を通じて行うよう指示されたというのであるから、豊臣政権内で利休がどれほど大きな存在であったかがよくわかる。宗麟はまた、「宗易ならでは、関白様（秀吉）へ、一言も、申し上ぐる人これなし」とも記している。天下人《てんかびと》秀吉に対して、唯一意見を言えたのが利休だったのである。

ところが、天正十九年正月二十二日に秀長が亡くなると、状況は一変し、同年二月十三日に利休は京都から堺への蟄《ちっ》居《きょ》を命ぜられ、二十六日にはあらためて京都に護送されて、二十八日に切腹へと追い込まれるのである。

現在の山里丸。秋は紅葉も美しい

これについて、当時表向きには、①利休が大徳寺《だいとくじ》に寄進した三門《さんもん》（金毛閣《きんもうかく》）の楼上に自らの木像を安置したが、それでは秀吉が大徳寺に参詣する際に利休の股下《またした》を潜《くぐ》ることになり、不遜不敬《ふそんふけい》であること、②秀吉の茶頭であるという立場を利用して茶道具に法外な値《ね》を付けて売り捌《さば》き不当な利益を得たこと、などが理由とされたが、それ以外にも、③秀吉が利休の娘を側室として差し出すよう命じたが、利休がこれを断った（『千家由緒書』）、④秀吉の側近として力を持ち始めた石田三成ら若手官僚が、秀長の死をきっかけに利休の排斥《はいせき》を企てた等々、さまざまな理由が想定されている。

⑤万事派手好みの秀吉と「わびさび」の利休との美意識の対立、というのもその一つで、「黄金の茶室」が典型的事例とされる。

しかし私は、「黄金の茶室」は秀吉と利休の二人によって創案されたと考えている。秀吉は利休に命じて、大坂城内に「山里丸《やまざとまる》」を作らせた。「山里丸」は山里の風情《ふぜい》を演出する曲輪《くるわ》であるが、現代と違い、当時は山里の風情など、何ら珍しいものではなく、どこにでもある風景に過ぎなかった。ところが、そのごくありふれた風景が、金箔瓦がふんだんに用いられた絢爛豪華《けんらんごうか》な建物が立ち並ぶ大坂城内に、人工的な空間として作られると、俄然《がぜん》大きな価値を持つことになる。これが「利休の美」である。「黄金の茶室」の中でおこなわれる侘《わ》び茶も同様で、周囲がまばゆい黄金であるからこそ、その中の「侘び」がいっそう際立《きわだ》つのである。

（平成25年12月7日掲載）

官兵衛と又兵衛

主従の二人 実は親子⁉

今年のＮＨＫ大河ドラマ『軍師官兵衛』の主人公は黒田官兵衛《くろだかんべえ》孝高《よしたか》（のち入道《にゅうどう》して「如《じょ》水《すい》」。一五四六〜一六〇四）である。

黒田氏は、官兵衛の祖父重隆《しげたか》の代には、播磨《はりま》の御着《ごちゃく》城主小寺《こでら》氏に仕える有力家臣となっており、父職隆《もとたか》の代には主家から「小寺」の姓を賜《たまわ》っている。播磨国は、織田信長が畿内から西へと勢力を伸張《しんちょう》させると、織田氏と中国の覇者・毛利氏とに挟《はさ》まれ、播磨の諸将は織田と毛利、どちらにつくか、決断を迫られることになった。小寺氏は織田を選択したが、それには官兵衛の進言があったという（『黒田家譜』）。官兵衛は、信長から中国攻めを命ぜられた羽柴秀吉に、自らの居城であった姫路城を提供。以後、姫路城が秀吉の中国攻めの本拠になった。

順調に進むかと思われた中国経略であるが、天正六年（一五七八）二月に三木城主・別《べっ》所《しょ》長治《ながはる》が反旗を翻《ひるがえ》し、同年九月には摂津《せっつ》・有岡《ありおか》城主の荒木村重《あらきむらしげ》も毛利方に寝返った。官兵衛は村重を説得するため、有岡城に乗り込んだが、城内に幽閉《ゆうへい》されてしまう。同城落城の際、

官兵衛は無事救出されたものの、およそ一年にわたる幽閉生活で、膝関節が曲がってしまい、生涯、元に戻ることはなかった。なお、村重謀叛《むほん》に際して、官兵衛の主君小寺政《まさ》職《もと》がこれに同調したので、官兵衛は「小寺」の姓を捨て、本来の「黒田」に復している。

天正十年六月二日、本能寺の変が起こり、信長が非業《ひごう》の死を遂げた。備中《びっちゅう》高松城を水攻めしていた秀吉は、この悲報に接し、茫然自失《ぼうぜんじしつ》の態《てい》となった。官兵衛はその秀吉に、「今こそ天下を取るべき絶好

天王寺公園内に移築された黒田家大坂屋敷（蔵屋敷）の長屋門。「後藤又兵衛あかずの門」という異名を持つ

の機会」と声をかけたと伝えられる（『黒田家譜』ほか）。

その後、秀吉は天下統一へと邁進《まいしん》し、官兵衛はそれを支え続けた。その官兵衛の麾下《きか》にあって、「黒田二十四騎」「黒田八虎」に数えられる猛将が後藤又兵衛基次《ごとうまたべえもとつぐ》（一五五八〜一六一五）である。後藤家は播磨の南山田城主の家柄であったが、又兵衛は幼くして父を失い、これを憐《あわ》れんだ官兵衛が引き取り、養育した。又兵衛は、官兵衛が嫡男長政に家督を譲った後も黒田家に仕え、関ヶ原合戦後、長政が筑前《ちくぜん》・福岡五十二万三千石の太守となると、一万六千石を領する大隈《おおくま》城主となった。しかし、長政とは折り合いが悪く、慶長十一年（一六〇六）には遂《つい》に黒田家を出奔《しゅっぽん》、浪人となった。本国播磨に戻った又兵衛は、姫路城主池田輝政に召し抱えられる。この間に又兵衛は、長男佐太郎らを生んだ正室と離縁しており、池田家中の三浦主水《もんど》の妹を新たに正室に迎え、慶長十七年に久馬助《くめすけ》が生まれた。翌年に池田輝政が亡くなると、家督を継いだ利隆《としたか》のもとに黒田長政から「又兵衛を抱えるな」とのクレームが入り、再び又兵衛は浪人となる。翌慶長十九年、大坂冬の陣勃発に際して大坂城に入った又兵衛は、二十年五月六日の大坂夏の陣道明寺《どうみょうじ》合戦で壮絶な討死を遂げた。

この時点で三歳の幼児であった久馬助は母とともに母の実家三浦家に引き取られていた。久馬助は長じて「三浦治兵衛《じへえ》為勝《ためかつ》」を名乗り、寛永五年（一六二八）に十六歳で岡山城主の池田忠雄《ただかつ》に仕えた。同九年、忠雄の跡を継いだ光仲《みつなか》が鳥取に移封されたため、為勝も鳥取に移った。為勝は元禄四年（一六九一）に亡くなり、嫡男正敏が鳥取城下の景福寺《けいふくじ》（鳥取市新品治町）に父為勝の墓を建てている。墓碑には為勝の生涯を記した銘文が刻まれるが、そこには為勝の父「後藤又兵衛正房」は「黒田官兵衛源政成、法号如水入道の実子」とある。二人の年齢差からして、俄《にわか》には信じ難いが、仮に事実とすれば、又兵衛は、官兵衛が光《てる》（幸圓《こうえん》）を正室として迎える以前に、別の女性が生んだ長政の庶兄《しょけい》ということになる。

為勝の墓の隣には、遺髪を埋めたと伝える又兵衛の五輪塔、そして為勝の母（仙洞院）の五輪塔が並んで立つ。為勝の子孫はのち苗字《みょうじ》を「後藤」に戻し、鳥取藩池田家家臣として明治維新を迎えた。

（平成26年1月11日掲載）

石川五右衛門

河内出身?の大盗賊

昨年二月、松竹座の二月花形歌舞伎で片岡愛之助さん主演の「GOEMON」を見た。

南禅寺山門の楼上で「絶景かな、絶景かな」と大見得《おおみえ》を切る場面で著名な『楼門五三桐《さんもんごさんのきり》』や、捕えられた五右衛門《ごえもん》が釜煎《かまいり》の刑に処されるくだりが印象的な『釜淵双級巴《かまがふちふたつどもえ》』など、石川五右衛門を主人公にした歌舞伎作品は数多いが、今回の「GOEMON」は新作で、五右衛門は、明智光秀の重臣四王天但馬守《しおうでんたじまのかみ》の娘石田局《いしだのつぼね》と、スペイン人のキリスト教神父《しんぷ》カルデロンとの間に生まれ、父の仇《あだ》を討《う》とうとしていた石田局の思いを引き継ぎ、豊臣秀吉の命を狙う。秀吉が出雲阿国《いずものおくに》を寝所に侍《はべ》らそうとしていたところに忍び込んだ五右衛門は、阿国を助け出し、人気の翳《かげ》りに苦悩する阿国に、父の国の踊りフラメンコを教え、阿国はこれまでにない舞踊を完成させる——奇想天外な物語ではあるが、とにかく抜群におもしろかった。

ところで、この有名な大盗賊石川五右衛門については、歌舞伎などで創作された架空の人物と思っておられる向きが少なくないようであるが、文禄三年（一五九四）に来朝した

石川五右衛門腰掛け石周辺マップ

スペインの商人アビラ・ヒロンが「都に一団の盗賊が集まり、これが日にあまる害を与えた。それというのも、誰かの財布を切るために人々を殺害したからである。そんな風で、都・伏見・大坂、それに堺の街路には、毎日毎日夜が明けると死体がごろごろしている有様《ありさま》であった。……その中の幾人かは捕えられ、拷問《ごうもん》にかけられて、これらが十五人の頭目《とうもく》だということを白状したが、頭目一人ごとに三十人から四十人の一団を率いているので、彼らはいわば一つの陣営だった。十五人の頭目は生きたまま、油で煮られ、彼らの妻子、父母、兄弟、身内は五等親まで磔《はりつけ》に処せら

太子町葉室にある石川五右衛門の腰掛け石。すぐ近くに釜戸塚がある

れ、盗賊らにも、子供も大人も一族全部もろとも同じ刑に処せられた」（『日本王国記』）と記し、この文章に、当時イエズス会の京都修道院長を務めた宣教師ペドロ・モレホンが「油で煮られたのは、ほかでもなく、石川五右衛門とその家族九人か十人であった」と注釈を加えているので、石川五右衛門は間違いなく実在した。国内の史料でも、公卿《くぎょう》の山科言経《やましなときつね》が日記の文禄三年八月二十三日条に「盗人《ぬすっと》スリ十人子一人等釜ニテ煮ラル。同類十九人ハ付《つけ》（磔）ニこれを懸《か》け、三条橋南ノ川ニテ成敗《せいばい》ナリ。貴賤群衆也」と記し（『言《とき》経卿記《つねきょうき》』）、儒官《じゅかん》として徳川家康に仕えた林《はやし》羅山《らざん》も、「文禄の比《ころ》、石川五右衛門という者あり、或《あるい》は穿窬《せんゆ》、或は強盗を止《や》めず。秀吉、所司代前田玄以《しょしだいまえだげんい》等に命じ、遍《あまね》くこれを按《しら》べ、

遂《つい》に石川を捕え、且《かつ》その母ならびに同類二十人許《ばかり》を縛り、これを三条河原に烹殺《に》す」と記している（『豊臣秀吉譜』）。

この石川五右衛門の出身地について、『絵本太閤記《えほんたいこうき》』は、「文禄の頃、京師《けいし》大仏殿の門前に住居せし石川五右衛門が始末《しまつ》を尋《たず》ぬるに、河内国石川村の郷民文大夫《ぶんだゆう》といふ者の子にて、童名《どうめい》を五郎吉《ごろきち》と呼《よべ》り」と記す。「石川村」は河内国石川郡（現在の太子町・河南町周辺）の村落を指すが、地元太子町では、全く別の話を伝えている。

遠江《とおとうみ》国の大名大野師泰《おおのもろやす》の忠臣真田蔵之進《さなだくらのしん》が、大野家の跡目《あとめ》相続にからむ、奸臣《かんしん》近藤勝平らの悪だくみを知り、これに対抗したものの、敗れて同家を追われ、河内国の石川の里に落ち延び、「石川五右衛門」と名を改めた。一軒の家を借り受け、女房に茶店を開かせた五右衛門は、家来の弥之助《やのすけ》とともに、旅人相手の荷舁《にか》き人足を業《なりわい》としたが、人足仕事ではわずかな収入しか得られず、やがて盗賊稼業に身を落とし、堺・住吉・大坂・京都などを荒らしまわったものの、遂に捕らわれ、釜煎の刑に処されたというのである（『伝説の河内』）。

この「石川の里」は、太子町の葉室《はむろ》といわれ、同所には、五右衛門一味の根城《ねじろ》であったとされる釜戸塚《かまどづか》や、石川五右衛門の腰掛け石など、五右衛門伝承に因《ちな》む「史跡」が存在する。

（平成26年2月1日掲載）

真田幸村の愛馬

西尾久作の討ち取った幸村は影武者？

慶長二十年（一六一五）五月七日、大坂夏の陣最後の決戦の日、豊臣方の智将真田幸村（信繁《のぶしげ》）は茶臼山《ちゃうすやま》（天王寺区茶臼山町）に本陣を置いた。その勇姿は大阪城天守閣所蔵の「大坂夏の陣図屏風」（重要文化財）にも描かれる。『難波戦記《なにわせんき》』はこの日の幸村の出《い》で立《た》ちを「真田、其日の装束《しょうぞく》には、緋威《ひおどし》の鎧《よろい》に抱角《だきづの》打つたる甲《かぶと》、撚附《よりつ》けて猪首《いくび》に著《き》なし、河原毛《かわらげ》の馬、日頃秘蔵しけるに、紅《くれない》の厚総《あつぶさ》の鞦懸《しりがいかけ》、金を以て六文銭《ろくもんせん》打つたる木地《きじ》の鞍《くら》置いてぞ乗つたりける」と記し、幸村の兄信幸《のぶゆき》（信之）の子孫である松代《まつしろ》藩主真田家が編纂した同家の正史『先公実録《せんこうじつろく》』にも同様の記述がみられる。この日幸村は、三度にわたって敵の総大将徳川家康の本陣に突っ込み、家康をあと一歩のところまで追い込んだが、遂に力尽き、安《やす》居《い》神社（天王寺区逢阪）付近の田圃《たんぼ》の畦道《あぜみち》に腰かけていたところを、越前《えちぜん》藩主・松平忠直《まつだいらただなお》隊の足軽頭《あしがるがしら》西尾久作《にしおきゅうさく》（のち仁左衛門《にざえもん》）に首を取られたと伝えられる。

幸村の首は、西尾が取ったもの以外にあと二つ出てきたそうで、首実検《くびじっけん》の結果、西尾のものが幸村の首と決まった。けれども、『真武内伝追加《しんぶないでんついか》』が引く「梅林居士《ばいりんこじ》ト云者《いうもの》ノ記」

によると、西尾が取ったものも実は幸村の影武者望月宇右衛門《もちづきううえもん》の首で、西尾の主人である松平忠直が西尾のものが幸村の首で間違いないと強硬に主張したため、将軍秀忠もこれを認めたという。忠直の父は家康の次男秀《ひで》康《やす》で、越前松平家は将軍秀忠の兄の家系にあたるので、秀忠にも遠慮があり、忠直の主張を認めざるを得なかったと記される。

松平忠直率いる越前隊は、大坂夏の陣で大坂城に一番乗りを果たし、三七五〇もの首を挙げた。徳川方全軍が挙げた首の数が一四六二九だったから、越前隊のそれは全体の二六パーセントにあたり、断然の第一位であった。陣後の五月十日、家康と秀忠は京都・二条城に諸大名を集めて、戦勝を祝い、諸大名の

天王寺公園内にある茶臼山。大坂夏の陣最後の決戦の日、真田幸村はここに本陣を置いた

奮戦を労《ねぎら》った。席上、家康は忠直の激闘ぶりを「汝《なんじ》、今般、諸将ニ抜《ぬき》ン出《で》、大坂城ヲ乗取《のっとる》コト、莫大《ばくだい》ノ勲功、天下第一、古今無双、誰カ肩ヲ並フヘキ」（『美作津山松平家譜』）と絶賛し、忠直は「当座の御引出物《ひきでもの》」として家康から「初花《はつはな》の茶壺」、秀忠からは「貞宗《さだむね》の御刀」を賜った（『徳川実紀』）。

「初花の茶壺」は室町幕府八代将軍足利義政による命名と伝えられ、織田信長、織田信忠、徳川家康、豊臣秀吉、宇喜多秀家《うきたひでいえ》などを経て、関ヶ原合戦後、再び家康の手に帰した。大名物《おおめいぶつ》の茶入れで、新田肩衝《にったかたつき》・楢柴肩衝《ならしばかたつき》とともに天下三大肩衝の一つに数えられるが、これはあくまでも「当座の御

引出物」で、家康は「恩賞ハ追テ沙汰《さた》スヘシ」（『美作津山松平家譜』）と約束した。

ところが、翌元和二年（一六一六）四月十七日に家康は亡くなり、秀忠も約束を実行しなかったため、忠直の不満は募《つの》り、江戸への参勤《さんきん》を二度も途中で引き返すなど、忠直は幕府に対する反抗的態度を鮮明にした。

結果、忠直は元和九年に豊後国萩原《ぶんごのくにはぎわら》（大分市萩原）へ配流となり、さらに同国津守《つもり》（大分市津守）へと移された。

忠直は、西尾久作が真田幸村の首とともに獲た幸村の愛馬をたいそう気に入り、大坂夏の陣後、越前でも盛んに乗り回し、船に載せて豊後にも伴った。忠直は、慶安三年（一六五〇）九月十日、津守で逝去する。享年五十六歳であった。津守の碇島《いかりしま》と呼ばれる丘の中腹に忠直の廟所《びょうしょ》があり、その麓《ふもと》に忠直お気に入りの幸村愛馬の墓がある。墓石には「真田《さなだ》栗毛《くりげ》埋《うめ》所《どころ》」と刻まれるが、『難波戦記』や『先公実録』では、幸村の愛馬は「河原毛」と記されていた。「栗毛」は「地肌が赤黒く、たてがみと尾が赤茶色を呈しているもの」（『日本国語大辞典』）で、「河原毛」は「朽葉《くちば》を帯びた白毛で、たてがみと尾が黒く、背筋に黒い筋があるもの」（同）であるから、両者はまったく異なる。やはり、西尾久作の取った首は影武者のそれだったのであろうか。


（平成26年3月1日掲載）

豊臣秀長

「もう一人の天下人」、秀吉の幻の後継者

今年も西の丸庭園の桜が満開になった。大阪では去る三月二十七日に桜の開花宣言が出されたが、開花の基準となる大阪の標本木も西の丸庭園内にある。

西の丸は、大坂城では本丸に次ぐ重要な曲輪《くるわ》と位置付けられ、江戸時代には本丸御殿が城主である将軍の御座所《ござしょ》だったのに対し、西の丸には将軍に代わって大坂城の全般を取り仕切る大坂城代の上屋敷《かみやしき》があった。

豊臣時代にもほぼ同じ位置に西の丸があり、秀吉没後は、本丸を秀頼と淀殿に譲った北政所《きたのまんどころ》（高台院《こうだいいん》）が住んだ。彼女が御所近くの京都・三本木《さんぼんぎ》の屋敷に移ってからは徳川家康が西の丸に入り、本丸とは別に天守を建てた。それを石田三成らが弾劾《だんがい》し、関ヶ原合戦の原因にもなった。

関ヶ原合戦の折には、西軍の総大将となった毛利輝元が西の丸に入っている。

秀吉在世中には、側室の京極竜子《きょうごくたつこ》が暮らし、彼女は「西の丸殿」と呼ばれたが、それ以前は秀吉の弟秀長の屋敷が西の丸に営まれたと考えられている（櫻井成廣『豊臣秀吉の居

城・大阪城編』）。
秀長は、秀吉の父弥右衛門《やえもん》が亡くなった後、後家《ごけ》になった秀吉の母（大政所《おおまんどころ》）のもとに竹阿弥《ちくあみ》が婿入《むこい》りして生まれた子と伝えられ、秀吉にとっては異父弟にあたる。秀長は若い頃から兄秀吉に仕えて各地を転戦し、三木城攻め、鳥取城攻め、備中《びっちゅう》高松城攻め、山崎合戦などに活躍。天正十一年（一五八三）四月の賤ケ《しずが》岳《たけ》合戦でも戦功を挙げ、同年八月一日には秀吉から播磨《はりま》・但馬《たじま》二ヶ国の守護《しゅご》に任じられ、姫路城主となった。翌天正十二年の小牧・長久手《ながくて》合戦では、兄秀吉の「名代《みょうだい》」として、織田信雄《のぶかつ》との講和交渉に臨み、さらに天

正十三年三月の紀州攻めでは副将を務めた。戦後、紀伊・和泉の二ヶ国を与えられ、播磨・但馬から国替えとなり、和歌山城主になった。同年六月からの四国攻めでは、病を得た兄にかわって総大将を務め、やはり秀吉の「名代」として、長宗我部《ちょうそかべ》氏との折衝《せっしょう》にあたった。

この四国攻めの功により、秀長は新たに大和を加えられて居城を大和郡山に移し、さらに伊賀の一部も加増となり、総石高は百万石にも及んだ。

秀長は、天正十五年八月八日に従二位権大納言《ごんだいなごん》に任官し、世に「大和大納言《やまとだいなごん》」と呼ばれるようになる。官位・石高・家格、すべてにおいて秀長は豊臣一門中の筆頭に位置した。

ライトアップされた天守閣と西の丸庭園の桜
（登野城弘氏撮影）

さて、豊臣政権に服属することになった各地の大名は秀吉に伺候《しこう》するため、大坂城を訪れたが、その際秀長は大坂城内の自邸に彼らを招き、丁重にもてなした。その一例が、キリシタン大名として知られる豊後《ぶんご》の大友宗麟《そうりん》であるが、宗麟は秀長から、「何事も何事も美濃守《みののかみ》此の如《ごと》くに候間《そうろうあいだ》、心安《こころやす》かるべく候。内々之儀《ないないのぎ》は宗《そう》易《えき》、公儀之事《こうぎのこと》は宰相《さいしょう》、相存《あいぞん》じ候。御為《おんため》に悪《あ》しき事は、これあるべからず候」と声をかけられたという（『大友家文書録』三）。文中、「美濃守」「宰相」はともに秀長、「宗易」は千利休を指す。当時の豊臣政権が秀長と利休を両輪に運営されていたことを明確に示す史料であるが、「公儀之事は宰相」とあるように、秀長こそが諸大名にとって豊臣政権の公式の窓口だったのである。

一般に、豊臣秀長といえば、補佐役に徹した人物像が浸透しているが、補佐役といっても、決して兄秀吉の黒子《くろこ》だったのでなく、抜群に存在感のある豊臣政権のナンバー2で、いわばもう一人の天下人だった。

天正十四年段階であるが、秀吉は、「日本国内を無事安穏に統治したく、それが実現したうえは、この日本を弟の美濃殿（羽柴秀長）に譲り、予《よ》自らは専心して朝鮮とシナを征服することに従事したい」と語っている（フロイス『日本史』）。

天正十九年十二月二十七日、秀吉は甥《おい》の秀次に関白職を譲り、翌年正月五日、諸大名に朝鮮出兵を命じた。秀長は既に天正十九年正月二十二日に五十二歳で病没していたが、もし健在であったならば、秀吉は秀次でなく、秀長に関白を譲った可能性が高い。秀長こそは、秀吉の幻の後継者、幻の関白だったのである。

（平成26年4月5日撮影）

真田幸村を討った男

真田幸村の最期、諸書で虚実さまざま

慶長二十年（一六一五）五月七日、大坂夏の陣最後の決戦の日、真田幸村（信繁《のぶしげ》）は敵の総大将徳川家康の本陣に三度も突入を繰り返し、家康をあと一歩のところまで追い詰めたが、最期は精魂尽き果て、主従三人で田んぼの畔《あぜ》に腰かけていたところ、越前《えちぜん》藩主松《まつ》平《だいら》忠直《ただなお》隊の足軽頭《あしがるがしら》西尾《にしお》久作《きゅうさく》に首を取られたと伝えられる（『慶長見聞書』）。

『朝野舊聞裒稿《ちょうやきゅうぶんほうこう》』が引く「銕醤塵芥抄」によると、押し寄せた西尾に対して幸村は、「我は真田幸村也。御辺《ごへん》の相手に不足なし。今さら戦うべきにあらず」と、兜を脱いで首を差し出したという。

その際幸村は、西尾に対し、影武者を務める家臣にもまったく同じ兜を被《かぶ》らせており、内側にはいずれも幸村の姓名が朱銘で記されているが、幸村本人のものだけは、姓名の上に六文銭《ろくもんせん》の家紋があるので、首実検《くびじっけん》の折にはそのことを告げ、そなたの手柄《てがら》にせよ、と伝えた。果たして、陣後、幸村の首なるものが三つ出てきたが、幸村が語ったとおり、西尾のものだけに六文銭紋があったので、幸村の首に決まったというのである。

首実検の際の家康と西尾のやりとりを伝える史料もある。

その一つが『落穂集《おちぼしゅう》』で、家康が「どのように勝負して幸村の首を取ったのか」と尋ねると、西尾はただただ平伏しているばかりで、一言も発することがなかった。家康は西尾に「よい首を取ったな」と声をかける一方、側近たちには「勝負をして首をとったわけではないようだ」と語ったと伝える。

他方、『真武内伝追加《しんぶないでんついか》』によると、西尾は家康の問いに対し、「幸村は十文字槍《じゅうもんじやり》を手に前後左右の敵を次々となぎ倒し、土煙《つちけむり》

真田幸村最期の地と伝えられる安居神社境内の真田幸村銅像

をあげ、まるで雷が落ちたかのような大音声《だいおんじょう》を発して、戦場を駆け巡っていました。しかし、さすがの幸村も、激戦の中で傷つき、疲れ果てていました。それに対し、私の方は新手《あらて》で、元気一杯でしたから、力戦の末、幸村を討ち取ることができました」と語ったという。これを聞いた家康はたいそう機嫌が悪くなり、西尾が退出すると、「幸村ほどの武将が、西尾ごときと一騎打ちをするはずがない。武道不案内の者がいい加減なことをいう」と不快感を示したとされる。

二年前に新たに確認された「忠昌様《ただまささま》大坂ニ而《て》御《ご》戦功《せんこう》有増《あらまし》」（福井県立図書館保管「松平文庫」）は越前松平家伝来の史料で、それによると、幸村と西尾は、互いによい敵に巡り会ったと言葉を掛け、馬から降りて槍を突き合い、勝負した結果、西尾が幸村の首を取ったとする。「新発見」史料として話題になったが、内容的には『難波戦記《なにわせんき》』が記すところとほぼ同じで、とりたてて新たな情報はない。その『難波戦記』は、西尾が正々堂々と渡り合い幸村に勝利したと語ったことに対し、家康が「真田ほどの剛《ごう》の者、西尾如きの葉武者《はむしゃ》に逢うて名乗るべきか、過言《かごん》ある男なり」と述べ、西尾に対する怒りを露《あら》わにしたと記す。

　真田幸村の最期はこのように、諸書が虚実さまざまに伝える。西尾に対する評価はいずれも手厳しいが、大坂落城から八日後の慶長二十年五月十五日付けで、細川忠興《ほそかわただおき》が「真田左衛門佐《さえもんのすけ》、合戦場において討死。古今無双《ここんむそう》の大手柄。首は越前宰相《さいしょう》殿鉄炮頭《てっぽうがしら》取り申し候。去《さ》りながら、手負《てお》い候てくたびれ伏《ふ》しておられ候を取り候につき、手柄にもならず候」（『綿考輯録《めんこうしゅうろく》』）と手紙を書き送っているので、やはり通説のとおり、戦い疲れて腰をおろしていた幸村の首を西尾が取ったというのが真相であろう。

　西尾が幸村の首とともに獲《え》た幸村所用の采配《さいはい》、薙刀《なぎなた》は今も福井市立郷土歴史博物館保管「越葵《えっき》文庫」にあり、同館には、西尾が福井・足羽《あすわ》山麓の孝顕寺《こうけんじ》に建てた幸村の墓碑も所蔵される。墓碑は、石造の地蔵菩薩立像《じぞうぼさつりゅうぞう》で、「真田地蔵」と通称され、背中には「大機院真覚英性大禅定門　元和元寅年（一六一五）五月初七日　西尾氏立之」と刻まれる。「大機院真覚英性大禅定門」が幸村の法号である。

（平成26年5月3日掲載）

淀川の水をめぐる攻防

「文禄堤」、大坂冬の陣の舞台に

文禄四年（一五九五）六月七日、畿内一帯が凄まじい豪雨に見舞われた。京都の公卿山科《くぎょうやましな》言経《ときつね》は、「七日、戊申《つちのえさる》、雨、洪水、大雨」と記し、「洪水見物」に出かけている（『言経卿記《ときつねきょうき》』）。

大和川が現在のように、柏原からまっすぐ西に流れ、堺で大阪湾に注ぐようになったのは宝永元年（一七〇四）の付け替え以降のことである。それ以前は、石川との合流点から北に流れ、現在の八尾市二俣《ふたまた》で、玉櫛《たまくし》川（玉串川）と久宝寺《きゅうほうじ》川（長瀬川）に分流し、玉櫛川はさらに吉田川と菱江川に分かれ、吉田川は深野《ふこの》池、菱江川は新開《しんかい》池に注ぎ込んだ。

深野池・新開池はいずれも古代の河内湖以来の系譜を引く巨大な池で、深野池は現在の寝屋川市から大東市にかけての一帯、新開池は東大阪市域を中心に広がり、二つの大池は水路でつながっていた。

深野池には吉田川以外にも恩智《おんじ》川など数本の川が流入し、深野池から流れ出た水は新開池に入り、さらに新開池から流れ出て、楠根《くすね》川・久宝寺川と合流し、平野川をも併せて、再び一つの大和川となり、大坂城の北で淀川（大川）と合流していた。

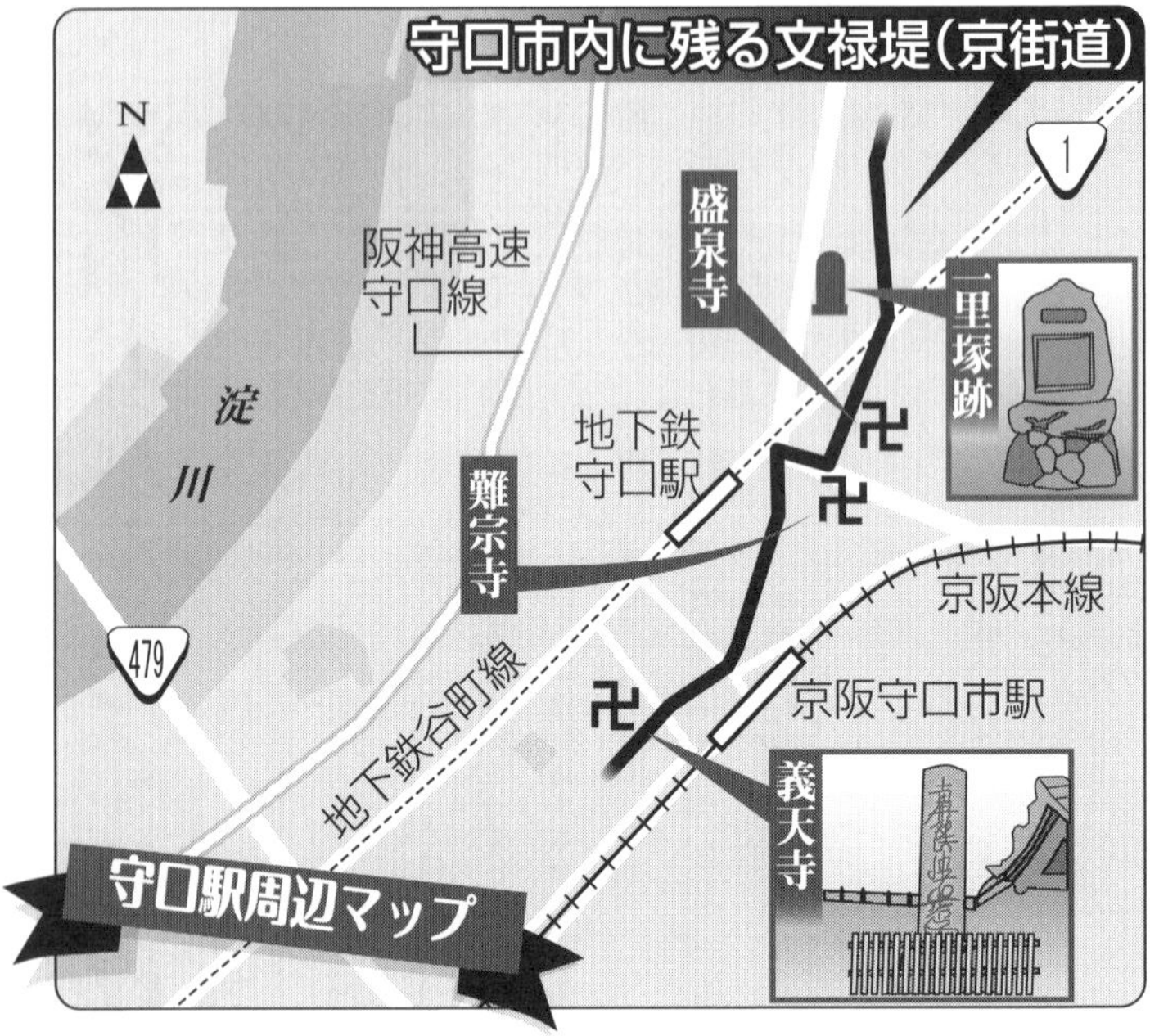

文禄四年当時は、淀川からも寝屋川・古川の河道を経由して深野池・新開池に流れ込む流路があったので、六月七日の豪雨により、深野池・新開池の水位は瞬く間に上昇し、遂に堤防が決壊《けっかい》して大洪水となり、大坂城のそば近くまで一面が水浸《みずびた》しになった。

このとき秀吉は大坂城にいて、甥で関白の秀次は京都の聚楽第《じゅらくてい》にいた。大坂城の状況を心配した秀次はすぐに見舞いの手紙を送り、これに対して秀吉は六月九日付で返事をしたため、「この辺り大水にて、八ヶ《はっか》所《しょ》堤切れ、正体《しょうたい》なく候」と書き送っている。文中の「八ヶ所」は、深野池西岸から新開池北岸に至る諸村の総称である。

この大洪水で、京都・大坂間は完全に寸断された。事態を重く見た秀吉は、深野池・新開池と淀川水系を切り離すため、翌年、諸大名に命じて淀川に強固な堤を築かせた。これがいわゆる「文禄堤」で、『当代記《とうだいき》』に「河内国堤、関東衆これを築く」、『武徳編年集成《ぶとくへんねんしゅうせい》』に「秀吉、東国ノ諸侯ニ命ジ、河内堤ヲ築カシメラル」とある。他方、毛利家の安《あん》国寺恵瓊《こくじえけい》・福原広俊《ふくはらひろとし》連署状では、毛利家が担当する「摂州堤」の「町場《ちょうば》（分担区域）」一万五二八一間の内、山崎（大阪府三島町山崎、京都府大山崎町大山崎）周辺の四千間は毛利一門の吉川広家《きっかわひろいえ》の担当であることを伝えているので、淀川左岸の「河内堤」を東国大名、右岸の「摂州堤（摂津堤）」は西国大名が担当する形で工事が進められたことがわかる。

文禄堤の上を通る京街道＝守口市

こんにち「文禄堤」といえば、河内側のそれを指すようであるが、実際には対岸の摂津側にも堤が築かれた。

「河内堤」「摂津堤」の完成により淀川の流路が固定し、「河内堤」の堤防上は京都・伏見と大坂を結ぶハイウエイとして整備された。これが「京街道」である。

大坂冬の陣に際しては、この「京街道」を通って、徳川の大軍が大坂に押し寄せて来ることが予想された。そのため、豊臣方では徳川軍の進攻を阻止すべく、出口村（枚方市出口）で「河内堤」を切り、淀川の水を溢《あふ》れさせた。『譜牒餘録《ふちょうよろく》』は「着陣以前に、大坂の兵、出口村の堤を掘《ほっ》て、淀川の水を湛《たた》え、人馬の通路を塞《ふさ》ぐ」と記している。徳川方では伊奈《いな》忠政《ただまさ》を奉行《ぶぎょう》に任命し、堤の復旧工事を迅速《じんそく》に進めた。

一方で徳川方は、鳥養《とりかい》村（摂津市鳥飼）の辺りで「摂津堤」を崩し、淀川の水を中津川（長柄《ながら》川）・神崎川へと導いた。『武徳編年集成』によると、これは「天満川、仙波《せんば》筋ノ川水ヲ乾《かわか》シ、歩渉《かちわた》リニセン為《ため》」の作戦だった。大坂城の北を流れる「天満川」（大川）や、大坂城と「仙波」（船場）の間を流れる惣堀《そうぼり》（東横堀《ひがしよこぼり》川）を涸らして、楽々と大坂城に近づけるようにしたのである。

秀吉が淀川の流路を固定するために築かせた「河内堤」と「摂津堤」は、大坂冬の陣で淀川の水をめぐる熾烈《しれつ》な攻防戦の舞台になった。

（平成26年6月7日掲載）

大坂夏の陣図屏風の作者
荒木村重の子・岩佐又兵衛説も有力

大阪城天守閣は約一万点の文化財を収蔵している。中でもいちばんの「お宝」とされるのが大坂夏の陣図屏風《びょうぶ》である。

大坂夏の陣図屏風は、大坂夏の陣に徳川方として参戦した筑前《ちくぜん》・福岡五十万石余の太守《たいしゅ》黒田長政（一五六八～一六二三）が戦勝記念に描かせたと伝えられ、福岡藩主黒田家に伝来したことから、「黒田屏風」の別名でも知られる。

きわめて精緻《せいち》な屏風絵で、六曲一双《ろっきょくいっそう》の大画面には人物五〇七一人、馬三四八頭、幟《のぼり》一三八七本、槍九七四本、弓一一九張《はり》、鉄砲一五八挺《ちょう》が描き込まれる（『黒田家什物大坂陣屏風図考』）。

右隻《うせき》は、慶長二十年（一六一五）五月七日に行われた大坂夏の陣最後の決戦の開戦直後の様子が描かれ、第一扇《せん》上部に二代将軍徳川秀忠の本陣、中ほどに大御所《おおごしょ》徳川家康の本陣がある。その前方に藤堂高虎、伊達政宗、松平忠輝ら徳川方の大軍が布陣し、さらにその前方では前田利常、井伊直孝、松平忠直らの諸隊が既に鉄砲を放ち、槍を合わせ、豊臣方

先鋒との戦闘を開始している。

第四扇中央には四天王寺西門《さいもん》の石《いし》鳥居《どりい》が描かれ、扁額《へんがく》には「釈迦如来《しゃかにょらい》転法輪所《てんぽうりんしょ》　当極楽土《とうごくらくど》　東門中心《とうもんちゅうしん》」の文字がしっかりと記される。

石鳥居の右脇で、大身槍《おおみやり》を振るい、一騎駆けで奮戦するのは徳川方の大名本多忠朝《ただとも》。彼はこの日の戦いで壮絶な討死を遂げた。

石鳥居のすぐ下は茶臼山《ちゃうすやま》で、ここには豊臣方の真田幸村隊が布陣する。全軍赤備《あかぞな》えで、幸村・大助の親子はともに鹿角《かづの》の脇立兜《わきたてかぶと》を被《かぶ》る。

第五・六扇の上部は大坂城で、本丸の正門である桜門や千畳敷御殿《せんじょうじきごてん》、五層の大天守などが描かれる。目を凝《こ》らすと、大天守の各窓には女性たちの顔があり、目に手をあてて涙を流している。

一方、左隻《させき》には落城後の悲惨な光景が生々しく描かれる。淀川、長柄《ながら》川（中津川）、神崎川を越え、北へ、北へと逃れようとする敗残兵や避難民。彼らに襲いかかる野盗の群れ。そこには阿鼻叫喚《あびきょうかん》の地獄図が展開する。

武将たちの華々《はなばな》しい戦闘の裏側でいったい何があったのか。右隻と左隻で戦国合戦の光と陰《かげ》を見事に描き分けた大坂夏の陣図屏風は戦国合戦図屏風の白眉《はくび》といわれ、国の重要文化財に指定されている。

ところで、この大坂夏の陣図屏風の作者について、『黒田家什宝故実《くろだけじゅうほうこじつ》』は絵師「八《はち》郎兵衛《ろべえ》」の名を挙げ、「竹森《たけもり》家伝《かでん》」は江戸田町《たまち》に住む町絵師「久左衛門《きゅうざえもん》」の名を記す。前者の「八郎兵衛」については、狩野松栄《かのうしょうえい》門人に「狩野八郎兵衛」を称する元休《げんきゅう》がいるが、大坂夏の陣図屏風との関係は判然としない。

現在の大阪城天守閣は大坂夏の陣図屏風に描かれた大天守をもとに復興された

（登野城弘氏撮影）

一方で、大坂夏の陣図屏風には明らかな「又兵衛風《またべえふう》」が見て取れることから作者を岩佐《いわさ》又兵衛《またべえ》（一五七八～一六五〇）とする見解も有力である（知念理「『大坂夏の陣図屏風』〈黒田屏風〉の伝来と制作意図」）。

この岩佐又兵衛、実は織田信長に対し謀反《むほん》を起こした摂津・有岡《ありおか》城主荒木村重《むらしげ》の子である。有岡落城の際にはわずか二歳であったが、無事難を逃れ、母方の姓「岩佐」を称した。長じて絵師となり、独特の画風を確立し、その系統は岩佐派と呼ばれるようになる。

福岡藩主黒田長政から大坂夏の陣図屏風の製作を命じられたのは黒田二十四騎にも数えられる家老の黒田美作守《みまさかのかみ》一成《かずしげ》（一五七一～一六五九）である。「黒田」姓を賜ったものの、彼は本来「加藤」姓で、一成の父加藤又左衛門は荒木村重の家臣であった。

長政の父黒田官兵衛が有岡城内の土牢《つちろう》に幽閉された折、又左衛門は牢番を命ぜられ、日々衰弱する官兵衛を励まし、何かと世話を焼いた。官兵衛は又左衛門に深く感謝し、「もし自分が生きて本国に帰ることができたなら、又左衛門の男児を一人貰い受け、我が子同様に育てたい」と約束した。

この約束が果たされ、官兵衛の養育を受けて黒田家家臣となったのが一成である。主君長政から大坂夏の陣図屏風の製作を命ぜられた一成が、旧主荒木村重の子岩佐又兵衛に白羽の矢を立てた可能性は十分にある。

（平成26年7月5日掲載）

秀吉と家康の馬験

大坂城に収められた家康の馬験

馬験《うまじるし》は「馬印」「馬標」とも書き、戦場において大将の側《そば》に立て、大将の所在を示す陣営具である。

豊臣秀吉は「金瓢《きんぴょう》の馬験」、徳川家康は「金扇《きんせん》の馬験」を使用した。秀吉の馬験としては中央に大きな瓢箪《ひょうたん》があり、周囲にたくさんの小さな瓢箪を取り付けた「千成瓢箪《せんなりびょうたん》」が有名で、秀吉が戦いに勝利するたびに小さな瓢箪を増やしていったといい、大阪府の府章にもなっている。けれども、この「千成瓢箪」は江戸時代後期の寛政九年（一七九七）から刊行された『絵本太閤記《えほんたいこうき》』の創作であることが判明している。実際の秀吉の馬験は瓢箪一個で、秀吉が大村由己《ゆうこ》に命じて書かせた『柴田退治記』に「彼《か》の一瓢の馬験」とあり、その形状は諸将の馬験・軍旗をまとめた『諸将旌旗図《しょしょうせいきず》』や賤ケ岳《しずがたけ》合戦図屏風《びょうぶ》などに描かれている。

慶長二十年（一六一五）五月七日の大坂夏の陣最後の決戦の際には、豊臣秀頼自ら天王寺口に出陣すべく、本丸の正門である桜門のところまで姿を現し、「金瓢の馬験」が桜門の外に高々と掲げられた。それを見た豊臣家の老臣たちは、向かうところ敵なしだった秀

吉全盛の時代を思い出し、むせび泣いたと伝えられる。

結局秀頼は出陣の機会を逸し、城内へと引き揚《あ》げるのであるが、このとき馬験を預かっていた津川左近が馬験を打ち捨てて行ったので、広島浪人の伊藤武蔵が「唐《から》まで聞えたる御馬印を捨て置き落《おち》行く段、大坂数万の軍勢に勇士は一人もなし、伊藤武蔵御馬印を揚《あげ》帰る」と大音声《だいおんじょう》で呼ばわり、馬験を掲げて城内に戻ったので、多くの武士から喝采《かっさい》を浴びたと伝えられる（「大坂御陣覚書」）。

ところが、大坂落城の際、淀殿付きの侍女であったおきくが城外に脱出しようとすると、御殿の台所付近に「金の瓢箪の御馬印」が放り出してあり、これを奪われては豊臣家の恥辱《ちじょく》と判断したおきくは、もうひとりの侍女とともに馬験を粉々に打ち砕いて外に出たと語っている（『おきく物語』）。

したがって、秀吉から秀頼へと受け継がれた豊臣家の象徴「金瓢の馬験」は現存しないが、家康の「金扇の馬験」の方は今も残り、静岡市の久能山《くのうざん》東照宮博物館に収蔵されている。

本丸東側の高石垣。この上に三層の櫓が立ち並んだ
（登野城弘氏撮影）

　全長二二一センチの巨大なもので、竹製の塗骨《ぬりぼね》に練絹《ねりぎぬ》を付けて美濃紙《みのがみ》を貼り、両面に金《きん》箔《ぱく》が施される。これを掲げる竿は既に失われているが、竿を含むと全長は五七三センチにも及んだ（「遠国御武器類」）。

　大坂の陣でも、この「金扇の馬験」が徳川家康本陣に掲げられたが、夏の陣最後の決戦の際には、真田幸村隊の猛攻により、馬験が崩された。家康の旗本大久保彦左衛門は、家康の馬験が崩されたのは武田信玄に敗れた三《み》方ケ原《かたがはら》合戦以来と記している（「大久保彦左衛門覚書」）。

大坂の陣で使われた家康の馬験は、陣後、伏見城に収められたが、三代将軍家光の代に伏見城が廃城となり、かわって大坂城が再築されると大坂城に移された（「遠国御武器類」）。大坂城では当初、天守一階に収められていたが、寛文五年（一六六五）に落雷で天守が焼失する。その際、大番衆《おおばんしゅう》の中川帯刀《たてわき》が燃え盛る天守に駆け入り、無事馬験を救出した（『甲子夜話』）。

その後、馬験は「御数奇屋《すきや》前の櫓《やぐら》」に収められ、さらに「御厩《うまや》前の櫓」へと移された（「遠国御武器類」）。この「御厩前の櫓」は本丸東側に立ち並んだ三層櫓の一棟で、「御馬験櫓」と通称された。

幕末、鳥羽・伏見の戦いに敗れ、形勢不利と判断した徳川慶喜《よしのぶ》は、慶応四年（一八六八）正月六日、松平容保《かたもり》らわずかな側近だけを連れて大坂城を脱出し、幕府軍艦開陽丸《かいようまる》で江戸へと逃げ帰る。このとき「金扇の馬験」は大坂城に置き去りにされた。

慶喜のお気に入りで、慶喜の身辺警護のために大坂城に入っていた江戸の侠客《きょうかく》新門辰五郎《しんもんたつごろう》がこれに気付き、「金扇の馬験」を押し立てて、東海道を江戸に下った（『戊辰物語』）。謹慎した慶喜にかわって徳川宗家を継いだ家達《いえさと》がこの馬験を久能山東照宮に奉納したのだという（中村博司「馬印の行方」）。

（平成26年8月2日掲載）

茶臼山

陣取る真田隊「赤備え」鮮やか

慶長十九年（一六一四）十月一日、大御所徳川家康は諸大名に大坂攻めを命じた。大坂冬の陣の勃発である。この日、大坂では秀吉没後の豊臣家を支えた家老の片桐且元《かつもと》・貞隆兄弟が徳川幕府への内通を疑われ、大坂城を出て、居城の茨木城へと退去している。

家康は、十月十一日に駿府《すんぷ》城（静岡市）を発ち、二十三日に上洛、二条城に入った。一方、将軍徳川秀忠は、家康が入京した十月二十三日に江戸城を出陣し、十一月十日に伏見城に入った。

家康・秀忠は十一月十五日にそれぞれ二条城・伏見城を出陣。家康は大和路を進み、奈良を経て、十七日には住吉に到り、住吉大社の社家津守《つもり》氏宅を本陣とした。秀忠の方は河内路をとり、枚方・枚岡を経て、十七日に平野に到着した。全興寺《せんこうじ》に隣接する野堂《のどう》町会所が本陣とされたと伝えられる（『平野郷町誌』）。

翌十八日、家康と秀忠は茶臼山《ちゃうすやま》で参会し、大坂城を遠望しつつ軍議を行った。このとき、藤堂高虎と本多正信の両人が同席している（『徳川実紀』）。

そして、十二月四日、秀忠は平野から岡山（生野区・御勝《おかち》山《やま》）に本陣を移し、六日には家康が住吉から茶臼山に本陣を移動させた。

この茶臼山の家康本陣、岡山の秀忠本陣の様子は東京国立博物館所蔵の大坂冬の陣図屏風に描かれている。俄《にわ》か作りとはいえ、いずれも周囲に堀をめぐらし、御殿・望楼を備えた立派な城郭である。

一方、翌年の大坂夏の陣では、慶長二十年五月七日最後の決戦で、豊臣方の智将真田幸村《ゆきむら》（信《のぶ》繁《しげ》）が茶臼山に本陣を据えた。

『難波戦記《なにわせんき》』は、この日の幸村の出《い》で立《た》ちを「緋威《ひおどし》の鎧《よろい》に抱角《だきつの》打つたる甲《かふと》、撚附《よりつ》けて猪《い》首《くび》に著《き》なし、河原毛《かわらげ》の馬、日頃秘蔵しけるに、紅《くれない》の厚総《あつぶさ》の鞦懸《しりがいかけ》、金を以て六文銭《ろくもんせん》打つたる木地《きじ》の鞍《くら》置いてぞ乗つたりける」と記すが、大阪城天守閣所蔵の大坂夏の陣図屏風にはまさにこの描写そのままの幸村の勇姿が描かれ、後方には幸村同様の具足に身を固めた嫡男真田大助の姿も見える。

この日の真田隊は幟《のぼり》・指物《さしもの》・具足《ぐそく》を全て赤一色で統一した「赤備《あかぞな》え」で、その真田隊が茶臼山に陣取る様子は、まるで「躑躅《つつじ》ノ花ノ咲キタル如ク」鮮やかで、見事なものであったと伝えられる（『先公実録』）。

大坂冬の陣で徳川家康本陣、夏の陣では
真田幸村本陣となった茶臼山

幸村はこの日、三度も徳川家康本陣への突撃を繰り返し、家康をあと一歩のところまで追い詰めたが、最期は衆寡敵《しゅうかてき》せず、越前・松平忠直隊の足軽頭《あしがるがしら》西尾《にしお》久作《きゅうさく》に首を討たれた。まもなく大坂城が落城。家康は茶臼山に登り、頂上に旗を立て、麓《ふもと》に諸将を集めて勝鬨《かちどき》を挙げたと伝えられる。

幕末、安政二年（一八五五）に刊行された『浪華の賑ひ』の「茶臼山」の項に、「慶長・元和の年間《ころ》、御陣営となる。これより後、当山に登ることを禁ぜらる」とあり、江戸時代には茶臼山が家康ゆかりの「聖跡」として禁足地《きんそくち》になっていたことが知られる。しかし、当初は頂上付近だけだったものが、のちに範囲が拡大され、全山が禁足地になったらしい。

その間の事情を伝えるのは『摂陽《せつよう》奇観《きかん》』で、同書の宝暦九年（一七五九）条に「一心寺開帳《かいちょう》茶臼山の事」と題する記事がある。それによると、宝暦九年の四月一日から六月一日にかけて、一心寺境内で京都・嵯峨《さが》の清凉寺《せいりょうじ》（釈迦堂）の出開帳《でがいちょう》が行われた。清凉寺の本尊釈迦如来はインドから中国・日本へと伝わった「三国伝来」で、生前の釈迦の姿を写した「生身《しょうじん》の釈迦」として篤い信仰を集めた。

一心寺には、この有名な仏像を一目見ようと、連日多数の参拝客が押し寄せた。この人出を当て込んで、一心寺と茶臼山の間に仮橋が架けられ、茶臼山には仮設の茶店がたくさん建てられた。一心寺を訪れた参拝客は一人につき銭二文を払って仮橋を渡り、茶店での飲食を楽しんだ。

お蔭で茶臼山はたいそうな賑いとなったが、幕府として、神君家康由緒の「聖地」が庶民の遊興の場と化すのは決して看過できることではない。それまでは頂上周辺に竹垣をめぐらし、立ち入り禁止にしていたが、これ以降は茶臼山の周囲を竹垣で厳重に囲み、全山を禁足地にしたのだという。

（平成26年9月6日掲載）

夜討ちの大将

抜け駆けの常習犯 最期はそれが仇に

大坂冬の陣の真っ只中、慶長十九年（一六一四）十二月十七日の未明、豊臣方の大野治《はる》房《ふさ》隊麾下《きか》にあった塙団右衛門《ばんだんえもん》率いる一隊が、大坂城の西惣構堀《にしそうがまえぼり》（現在の東横堀川）に架かる本町橋《ほんまちばし》を渡り、対岸に陣を布いていた徳川方の蜂須賀至鎮《はちすかよしかげ》隊に奇襲を掛けた。不意を衝《つ》かれた蜂須賀隊は大混乱に陥り、家老の中村右近をはじめ、百名に及ぶ死傷者を出した。

団右衛門は事前に用意してあった「夜《よう》討ちの大将塙団右衛門」の木札を敵陣中にばら撒《ま》き、意気揚々と引き揚げたと伝えられる。ちなみにこの夜襲で討死した中村右近は、歌舞伎役者の初代中村勘三郎の祖父にあたるという（「中村氏系図」）。

この塙団右衛門、もともとは「賤ヶ岳《しずがたけ》の七本槍《しちほんやり》」の一人として知られる加藤嘉明《よしあき》のもとで鉄砲大将を務めた。第一次朝鮮出兵（文禄の役）では敵の番船を奪取するなどの功を挙げ、関ケ原合戦でも活躍したが、軍令を犯しての抜け駆けであったため、主君嘉明に責められ、遂に同家を出奔した。

その後、団右衛門は小早川秀秋に仕えたが、秀秋は慶長七年（一六〇二）に二十一歳の

若さで死去。次いで徳川家康の四男で当時尾張・清洲《きよす》城主であった松平忠吉《ただよし》に仕えたが、忠吉もまた慶長十二年（一六〇七）に二十八歳で死去した。団右衛門はさらに広島城主福島正則《まさのり》に仕えることとなったが、正則のもとに旧主加藤嘉明から「奉《ほう》公構《こうがま》え」が入った。

「奉公構え」とは、旧主家から新たな仕官先に仕官差し止めの要求がなされることをいい、この「奉公構え」のクレームが付けられると、仕官先で当該人物を抱えることは許されないというのが当時の武家社会のルールであった。そのため、団右衛門は福島家を退去せざるを得ず、武家奉公をあきらめた団右衛門は京都に上り、妙心寺で出家し、「鉄牛《てつぎゅう》」と号する僧になった。ところが、慶長十九年に大坂冬の陣が勃発。団右衛門は還俗《げんぞく》して大坂城入城を果たし、本町橋の「夜討ちの大将」として勇名を馳せることになったのである。けれどもこの功名が仇《あだ》となる。

翌慶長二十年四月。豊臣方では和歌山から大坂城目指して進んで来る浅野長晟《ながあきら》の軍勢五千を迎撃するため、大野治房を主将とする二万の大軍が南下した。浅野軍の背後では、同軍の和歌山城出陣にあわせて、紀州の広汎な地域で地侍たちが蜂起することになっており、大野軍と地侍たちとで浅野軍を挟《はさ》み撃《う》ちする計画であった。

塙団右衛門による夜討ちの舞台となった本町橋

大野軍の先鋒には塙団右衛門が命ぜられ、団右衛門率いる一隊は「堺海道《かいどう》」（紀州街道）を進んだが、安立《あんりゅう》（住吉区）のところで、「阿部野海道」（熊野街道）を進んで来た岡部大学の軍勢が塙隊の前に出ようとするので、団右衛門は「このたびの先手は我らである。他の者が我が軍の先に出ることは許されない」とクレームを付けた。

それに対し、岡部隊の者が「既に我が隊の将岡部大学は先に進んでおり、配下の我々が遅れるわけにはまいりませぬ」と返答したので、団右衛門は岡部大学に抜け駆けされたことを知って驚き、猛スピードで大学の後を追った。

やっとのことで団右衛門が追いつくと、大学はぬけぬけと「お手前は先鋒だったはずであるが、今頃追い付いて来られたか」と言い、団右衛門の方は、「今朝からどのようなお手柄《てがら》をお立てになったか、お聞かせ願いたい。君命に背き、軍令を犯す限りは、手柄なしではすまされませんぞ」と返したと伝えられる（『大坂御陣覚書』）。ここに、団右衛門の抜け駆けに対する「哲学」が示されている。

この日の岡部大学の行動は、冬の陣の本町橋の夜討ちで団右衛門に出し抜かれ、それを大学が遺恨に思ったことが原因とされる。その結果、団右衛門と大学の部隊は大野治房率いる本隊から遠く離れて、敵中深く入り込んでしまう破目になり、慶長二十年四月二十九日、大坂夏の陣の前哨戦となった泉南の樫井《かしい》合戦で、団右衛門は浅野家筆頭家老浅野知近《ともちか》の足軽頭《あしがるがしら》八木新左衛門に討たれた。戦場となった泉佐野市南中樫井に団右衛門の墓があり、同所の観音寺には位牌が祀られる。

（平成26年10月4日掲載）

塙団右衛門を討った男

諸説入り乱れる樫井合戦の真実は…

慶長十九年（一六一四）十二月十七日の大坂冬の陣「本町橋の夜討《よう》ち」で勇名を馳せた塙団右衛門《ばんだんえもん》は、翌慶長二十年四月二十九日、大坂夏の陣の前哨戦となった樫井《かしい》合戦で味方の岡部大学と無用な先陣争いを繰り広げた結果、本隊から遠く離れて敵中深くに入り込んでしまい、壮絶な討死を遂げた。

団右衛門は、和歌山城主浅野長晟《ながあきら》隊によって討ち取られたが、徳川幕府編纂の『寛政《かんせい》重修諸家譜《ちょうしゅうしょかふ》』の「浅野長晟」の項には団右衛門の最期が次のように記される。

八町畷《はっちょうなわて》を進んできた団右衛門らは樫井（泉佐野市南中樫井）の集落に火を放った。そこに浅野家の家老で茶人としても知られる上田主水正重安《もんどのしょうしげやす》（宗箇《そうこ》）が攻めかかり、団右衛門と槍を合わせ、互いに傷を被った。横合いからやはり浅野家の家老である亀田大隅守高《おおすみのかみたか》綱《つな》が攻撃を仕掛け、亀田大隅はたいへん力戦した。一方、上田主水は新たな敵と組討ちになり、窮地に陥ったが、主水の家来たちが駆けつけて敵を斃《たお》し、主水は危うく難を逃れた。両軍入り乱れての戦いとなり、団右衛門は浅野家筆頭家老浅野左衛門佐知近《さえもんのすけともちか》の足軽頭《あしがるがしら》八木

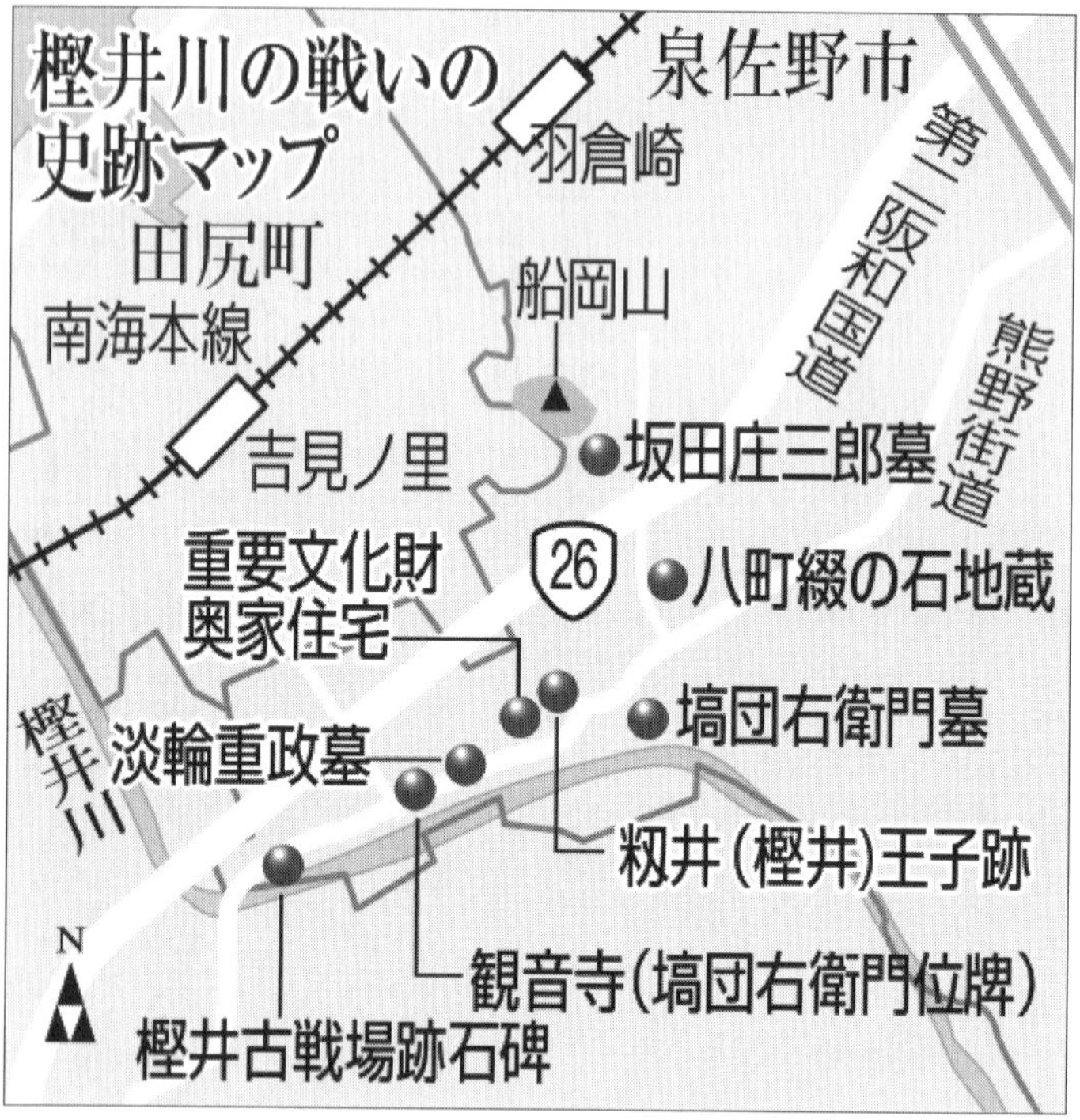

新左衛門が討ち取ったが、これは上田主水の最初の攻撃で団右衛門が重傷を負ったので、討ち取ることができたのである、と。

　これが公式見解で、幕府正史たる『台徳院殿《たいとくいんでん》御実紀』も「主水は塙団右衛門直之《なおゆき》と鑓《やり》を合せて疵《きず》を蒙《こうむ》らしめしを。新左衛門塙が首をとる」と記し、『大坂御陣覚書』『山本日記』『浅野考譜』『武者物語抄』なども八木新左衛門が団右衛門を討ち取ったとする。

　ところが、徳川家康の側近が記した『駿府記』の慶長二十年四月晦日《みそか》条には「上田宗古《そうこ》、亀田大隅殊更《ことさら》手柄高名《こうみょう》云々、塙団右衛門ヲ宗古討取」とあり、豊臣秀頼の家臣山口休庵《きゅうあん》も「団右衛門、宗古ニ首をとられ、残る六騎之大坂勢其処《そのところ》にて何《いずれ》も残らず討《うた》れ申候」と語っている（『大坂御陣山口休庵咄《ばなし》』）。

樫井古戦場に立つ塙団右衛門の墓

また、『北川遺書記』は団右衛門を討ち取ったのは安井喜内であるとし、『翁草《おきなぐさ》』は「一説」として「団右衛門は、亀田大隅守討取たりと云《いう》、然《しか》れ共《ども》公儀御吟味《ぎんみ》にて、八木新左エ門打取しに究《きわま》る」と記す。

このように、塙団右衛門を討ち取った人物には諸説があり、八木新左衛門、上田主水、安井喜内、亀田大隅といった名前が挙がるのであるが、当事者の一人である亀田大隅は寛永五年（一六二八）正月に『亀田大隅守高綱泉州樫井表合戦覚書』をまとめている。

これによると、「赤武者」「黒武者」の二騎が攻めかかってきたので、亀田大隅が「赤武者」を相手にしてこれを討ち取り、上田主水は「黒武者」を相手にしたが、組み敷かれてしまい、窮地に陥ったところを家来に救われ、家来が「黒武者」を討ち取ったものの、上田は重傷を負い、浅野家本陣に引き揚げたという。

この「赤武者」が塙団右衛門で、「黒武者」の方は団右衛門の家来に過ぎないとし、大坂方の有力武将の一人であった淡輪《たんのわ》重政を討ち取ったのもまた亀田であると主張する。そして、団右衛門が着用していた具足も亀田が分捕《ぶんど》って所持していると記すのである。

大坂夏の陣後、元和五年（一六一九）に、浅野家は和歌山三七万六五〇〇石から広島四二万六五〇〇石に転封となる。それにしたがい、亀田大隅も領内の備後《びんご》国奴可《ぬか》郡東城（広島県庄原市東城町）で七千石を領することになり、翌年にはさらに一万三百石に加増されたが、上田主水との間に対立が生じ、寛永元年（一六二四）突如として浅野家を退去し、高野山麓の天野（和歌山県伊都郡かつらぎ町）に隠棲した。先の『亀田大隅守高綱泉州樫井表合戦覚書』はこの天野で書き上げたものである。息子たちに自らの主張を伝え、自身が亡くなったのちも樫井合戦の真実を伝えて欲しいと頼んでいる。亀田大隅による塙団右衛門討ち取りは認められず、八木新左衛門の功とされ、上田主水には「初槍《しょやり》」の功が認められたことがよほど無念だったのであろう。

亀田は五年後の寛永十年八月十三日、失意の裡《うち》に七十六年の生涯を終えた。天野には彼の孫が建てた立派な墓碑が残される。

（平成26年11月1日掲載）

大坂の陣の海戦

仇敵の九鬼氏と小浜氏 力を合わせて活躍

大坂冬の陣の鴫野《しぎの》・今福《いまふく》合戦、真田丸の攻防戦、本町橋の夜討ち、大坂夏の陣の樫井合戦、八尾・若江合戦、道明寺合戦、天王寺口・岡山口での最後の決戦など、大坂の陣といえば陸上での戦いのイメージが強い。しかし、大坂湾の制海権をめぐる海戦も行われた。徳川方の主力を務めたのは織田信長・豊臣秀吉のもとで水軍大将を務めた九鬼嘉隆《くきよしたか》の嫡男守隆《もりたか》である。

徳川幕府編纂の『譜牒餘録《ふちょうよろく》』によると、徳川家康から水軍を率いて大坂攻めに参戦するよう命ぜられた志摩国鳥羽城主の九鬼守隆は、「三国丸《みくにまる》」という大安宅船《おおあたけぶね》に乗り込み、安宅船五艘、早船《はやぶね》五十艘を率いて慶長十九年（一六一四）十月二十五日に鳥羽を出発、十一月十六日には大坂・伝帆口《でんぽうぐち》（伝法口、大阪市此花区）に着いたという。安宅船とは軍船のことで、大安宅船になると船の上に重層の櫓《やぐら》が二、三棟建てられ、まさに海に浮かぶ城郭の様相を呈した。

守隆の父九鬼嘉隆は、織田信長と大坂（石山）本願寺との石山合戦の折、本願寺に味方

する毛利方・村上水軍の焙烙玉《ほうろくだま》による火炎攻撃を凌ぐため、天正六年（一五七八）に船体を鉄板で覆う大安宅船を考案した。

奈良・興福寺の多聞院英俊《たもんいんえいしゅん》は「人数五千程ノル。横へ七間、竪《たて》へ十二三間も在之《これあり》。鉄ノ船也。テツハウ（鉄砲）トヲ（通）ラヌ用意、事々敷《ことごとしき》儀也」と記し（『多聞院日記』）、堺で実際に「鉄ノ船」を見たイエズス会宣教師オルガンチノは書簡の中で「日本国中」で「最も大きく又華麗なる」船であるといい、「予は行きて之《これ》を見たるが日本に於《おい》て此《かく》の如き物を造ることに驚きたり」と書いた（『耶蘇会士日本通信《やそかいしにほんつうしん》』）。また嘉隆は豊臣秀吉による文禄元年（一五九二）の第一次朝鮮出兵の際に「鬼宿《きしゅく》」という大安宅船を建造したが、肥前名護屋城に姿を現した「鬼宿」の偉容《いよう》に感動した秀吉は「日本丸」の称を贈った。

その「日本丸」は船の長さ八三尺、肩幅三一・三尺、深さ一〇尺、櫓の高さ一〇・五尺で二六〇〇石積みであったが、守隆の「三国丸」は船の長さ九〇・五尺、肩幅三二・八尺、深さ一〇・二尺、櫓の高さ一一・八尺で二九四〇石積みであったから（『国史大辞典』）、全てにおいて「日本丸」を上回る巨大戦艦だった。石山合戦の時の「鉄ノ船」同様、守隆はこの「三国丸」を大坂湾に浮かべ、大坂への海上通路を封鎖した。そして十一月十九日に福島の南西に位置する大坂新家《しんけ》を攻めて占拠し、ここを「陣場《じんば》」（橋頭《きょうとう》堡《ほ》）として二十九日には豊臣方の福島の砦を落としている。

富光寺にある小浜光隆（右）・嘉隆の墓塔

『寛政重修諸家譜《かんせいちょうしゅうしょかふ》』の「九鬼守隆」の項によると、このとき九鬼水軍とともに行動したのは「向井将監忠勝《むかいしょうげんただかつ》、小浜久太《おはまきゅうた》郎光隆《ろうみつたか》、千賀孫兵衛《せんがまごべえ》某、同與八郎《よはちろう》某ら」であった。向井と小浜は徳川幕府の船手《ふなて》（水軍）、千賀は尾張徳川家の船手である。

九鬼氏は戦国時代、志摩国波切《なきり》（三重県志摩市大王町波切）を本拠とし、「志摩十三地頭《じとう》」と呼ばれる海賊衆の一つであったが、同国小浜（三重県鳥羽市小浜町）の小浜氏、千賀（鳥羽市千賀町）の千賀氏も同じく「志摩十三地頭」に数えられる海賊衆であった（『志摩軍記』）。とりわけ九鬼氏と小浜氏は仇敵《きゅうてき》で、九鬼氏の勢力拡大をおそれた小浜氏は他の海賊衆と語らい、九鬼氏を攻めて志摩から追放し、九鬼嘉隆が織田信長麾下《きか》の水軍の将として攻め戻って来ると、今度は小浜景隆《かげたか》が志摩から逃れて武田信玄を頼り、武田家滅亡後は徳川家康に属し、水軍の将になった。

小浜光隆は景隆の嫡男であるから、仇敵の息子同士が大坂冬の陣ではともに力を合わせて戦い、大坂湾の制海権を握ったのである。両者は翌年の夏の陣でも戦功を挙げ、九鬼守隆は大坂の陣後、千石を加えられて五万六千石となり、小浜光隆は元和六年（一六二〇）に至って、初代の大坂船手を命ぜられ、それまでの三千石に二千石を加えられ、領地を摂津国北中島などに移された。光隆は寛永十九年（一六四二）に亡くなったが、嫡子嘉隆が父の跡を継いで二代目の大坂船手となった。小浜光隆・嘉隆親子の墓は大阪市淀川区加島の富光寺《ふこうじ》にある。

（平成26年12月6日掲載）

大坂の東照宮

幕末落城の際、神宝は武蔵国忍へ

慶長二十年（一六一五）五月七日、大坂夏の陣最後の決戦で豊臣方が敗れ、大坂城は落城する。翌日、豊臣秀頼と淀殿が自害し、豊臣家は滅亡した。翌元和二年（一六一六）正月二十一日、田中（静岡県藤枝市）に放鷹《ほうよう》に出かけた徳川家康は俄《にわ》かに腹痛を訴え、駿府《すんぷ》城（静岡市）に戻る。次第に体調を悪化させた家康は、同年四月十七日にこの世を去る。享年七十五歳であった。

死に臨んで家康は本多正純《ほんだまさずみ》・南光坊天海《なんこうぼうてんかい》・金地院崇伝《こんちいんすうでん》の三人を呼び、「遺骸は久能山《くのうざん》に納め、葬礼は江戸の増上寺《ぞうじょうじ》で行い、三河の大樹寺《だいじゅじ》に位牌を立てよ。一周忌が済んだら日光に小堂を建てて久能山から勧請《かんじょう》せよ。関八州の鎮守とならん」と遺言した（『本光国師日記』）。

これにしたがい、家康の遺体は即日久能山に運ばれた。家康に贈る神号をめぐっては、吉田神道の「大明神《だいみょうじん》」を主張する崇伝と、山王一実《さんのういちじつ》神道の「大権現《だいごんげん》」を主張する天海との間で大激論が交わされたが、結局、秀吉の「豊国《とよくに》大明神」の例からして「大明神」は不吉

であるとの天海の主張が通り、「大権現」に決まった。元和三年二月二十一日、朝廷から「東照大権現」の神号宣下《せんげ》があり、同年四月四日には久能山を出発した神柩《しんきゅう》が騎馬三百騎、雑兵《ぞうひょう》千人を従えて日光に到着。同月十六日に正遷宮《しょうせんぐう》が行われて、日光東照宮が成立する。

さて、大坂落城からひと月も経たない元和元年六月八日、松《まつ》平忠明《だいらただあき》が大坂藩主に任命された。忠明は奥平信昌《おくだいらのぶまさ》の四男で、母は徳川家康の長女亀姫。家康の外孫にあたる。忠明は大坂城には入らず、現在の大阪合同庁舎一号館の場所に屋敷を構え、大坂の陣で荒廃した市街の復興にあたった。

　その忠明が元和四年四月十七日、大坂に東照宮の分霊を勧請する。天満・川崎の地に社殿が建てられたので、「川崎東照宮」と称された。この川崎東照宮の創祀にあたって、忠明は父奥平信昌の菩提寺である京都・建仁寺《けんにんじ》の塔頭《たっちゅう》久昌院《きゅうしょういん》の住持三江紹益《さんこうしょうえき》を招き、九昌院《きゅうしょういん》を建立して川崎東照宮の別当寺《べっとうじ》とした。九昌院は安永九年（一七八〇）に「建国《けんこく》寺《じ》」と寺号を改めている。

　大坂の復興に目途が立った元和五年七月二十二日、幕府は松平忠明に大和郡山への転封を命じ、大坂を幕府の直轄地とした。そして、北国・西国の諸大名を動員して大坂城を再築し、大坂城を西国支配の拠点と位置付けたのである。

　松平忠明は、その後、寛永十六年（一六三九）に播磨《はりま》姫路へと再び転封となり、子孫はさらに出羽《でわ》山形、下野《しもつけ》宇都宮、陸奥《むつ》白河、再び出羽山形、備後《びんご》福山、伊勢桑名と各地を転々とし、文政六年（一八二三）に武蔵忍《おし》に移った。しかし、川崎東照宮とは密接な関係を保ち続

滝川小学校に立つ川崎東照宮跡の石碑

け、藩主が初めて国入りする際には藩主にかわって家臣が川崎東照宮に代拝を行ない、安永七年には同家蔵屋敷が建国寺境内に移された。

このように「松平家の東照宮」としての性格を持つ川崎東照宮ではあったが、一方では大坂における「幕府の東照宮」としての性格も併せ持ち、毎年正月と四月の十七日には大坂城代以下の重職がそろって川崎東照宮に参拝した。

その川崎東照宮は維新後、明治六年（一八七三）に廃社の憂《う》き目《め》を見る。故地は現在大阪市立滝川小学校となっているが、神輿蔵《みこしぐら》と石灯籠が大阪天満宮境内に移され、神輿・扁《へん》額《がく》も遺される。また、豊中市南桜塚の東光院《とうこういん》には川崎東照宮の本地堂《ほんじどう》が移され、「あごなし地蔵堂」になっており、往時の川崎東照宮を描いた「川崎東照宮境内絵図」や建国寺文書が伝来する。八尾市太田の願立寺《がんりゅうじ》にも薬医門《やくいもん》が移築されている。

ところで、元幕府の外国係をつとめた福地源一郎《ふくちげんいちろう》は、慶応四年（一八六八）正月七日の午前六時半頃、徳川慶喜らの脱出で混乱をきわめる「大坂城の大手門で神君家康の神体が、天満川崎の東照宮からみこしで移されてくるのに出あった」と証言している（『百年の大阪1　幕末維新』）。忍藩松平家家臣によって川崎東照宮から持ち出された徳川家康画像以下の神宝類は無事忍まで運ばれ、現在も忍東照宮（埼玉県行田市）で大切に保存されている。

（平成27年2月7日掲載）

丹南藩主の菩提寺

徳川幕府の大番頭をつとめた「高木主水正」

松原市丹南《たんなん》の来迎寺《らいごうじ》は融通念仏宗《ゆうづうねんぶつしゅう》の名刹である。

融通念仏宗は、平安時代後期に京都・大原を拠点として活動した念仏聖《ひじり》・良忍《りょうにん》（一〇七三～一一三二）を宗祖とし、河内国深江（現、大阪市東成区）出身の法明《ほうみょう》（一二七九～一三四九）が中興したと伝え、大阪市平野区の大念仏寺を総本山とする。

かつては、総本山大念仏寺のもとに、河内の「六別時《ろくべつじ》」、大和の「七箇大寺《しちかだいじ》」と呼ばれる中本山があり、大念仏寺の上人《しょうにん》は「六別時」の中からくじ引きで選ばれた。来迎寺はその「六別時」の一つで、「十箇郷《じゅっかごう》別時」と呼ばれた。

来迎寺はまた、丹南藩主高木家の菩提寺でもある。

高木家は三河国碧海《あおみ》郡高木村（現、愛知県安城市）を領し、「高木」を姓としたという。

高木清秀（一五二六～一六一〇）は織田信長に属した水野信元《のぶもと》の家臣で、信元は徳川家康の母於大《おだい》の兄にあたる。元亀元年（一五七〇）の姉川合戦、天正二年（一五七四）の長島一向一揆の平定戦、翌年には武田勝頼との長篠合戦で活躍した清秀であるが、主君信元が

武田氏への内通を疑われて殺害されたため、信長の命により、清秀は織田家重臣佐久間信盛に属することになった。しかし、その佐久間信盛も天正八年に本願寺攻めの不手際を信長に叱責され、織田家を追放されたため、清秀は徳川家康に属すこととなり、天正十二年の小牧・長久手合戦、同十八年の小田原合戦などに活躍。文禄三年（一五九四）家督を息子の正次に譲り、自身は相模《さがみ》国海老《えび》名《な》（神奈川県海老名市）に隠居した。慶長十五年（一六一〇）七月十三日、清秀は八十五歳でこの世を去った。

家督を継いだ正次は清秀の三男で、永禄六年（一五六三）の生まれ。父に従い、小牧・長久手合戦、小田原合戦で活躍。慶長五年の関ヶ原合戦の際は徳川秀忠に従い、真田昌幸・

幸村（信繁《のぶしげ》）の守る信州上田城攻めに参加した。同七年、二千石を加増され、父から継承した五千石と合せて七千石となり、同十二年には大番頭《おおばんがしら》に就任した。大番頭は幕府正規軍である大番の隊長である。慶長十九年の大坂冬の陣の際は江戸城本丸の留守居を命ぜられたが、翌年の夏の陣では大番頭として出陣。戦功を挙げ、それを賞せられて、元和三年（一六一七）に二千石を加増。同九年には大坂定番《じょうばん》となり、さらに千石を加えられ、所領は一万石に達し、大名に列した。定番は城代に次ぐ大坂城ナンバー2の重職である。このとき、正次の所領は河内国丹南郡に移され、丹南藩が成立する。正次は丹南村に陣屋を構え、寛永七年（一六三〇）に六十八歳で正次が亡くなると、来迎寺に葬られた。今も来迎寺境内に正次墓の立派な五輪塔が立つ。丹南藩は明治

丹南藩初代藩主高木正次の墓

維新まで変わらず存続し、歴代藩主はおおむね正次と同じ「高木主水正《もんどのしょう》」を称し、大番頭を務めた。来迎寺には、正次の他に十一代藩主正明（一八〇三〜一八六九）の墓もあり、本堂には歴代藩主の位牌が祀られる。丹南藩主高木家は明治維新以降、子爵に列した。来迎寺山門前には、昭和十二年に建てられた「旧丹南藩主高木主水正陣屋址」の石碑がある。揮毫《きごう》は高木家十四代の子爵高木正得《まさなり》氏で、正得氏の次女が三笠宮百合子妃殿下である。

　丹南藩の初代藩主となった正次は徳川家康十六将の一人に数えられるほどの猛将で、大坂夏の陣最後の決戦では真田幸村隊とも交戦し、幸村隊から分捕ったという六連銭紋の黒塗手桶と柄杓《ひしゃく》が寺宝として来迎寺に伝来する。

　前日の道明寺合戦の際には丹南村付近一帯が真田幸村隊によって焼き払われたと伝えられる。その際、来迎寺も焼失したが、幸い本尊だけは村人が持ち出して難を逃れ、丹南村は焼け野原となったものの、同村の旧家松川家の柿の木が残っていたので、本尊を持ち出した人がそれを目当てに戻って来て、本堂が再建されるまでの間は松川家に来迎寺本尊が安置されていたという（『松原市の史蹟』）。

　真田幸村といえば、随一の人気を誇る戦国武将であるが、徳川幕府の譜代大名高木家のお膝元では分が悪く、完全に敵《かたき》役扱いされているところが興味深い。

（平成27年3月7日掲載）

後藤又兵衛を討った男
山田十郎兵衛が取るも討死 手柄は政宗隊に？

慶長二十年（一六一五）五月五日、豊臣家を滅ぼすべく、徳川家康は京都・二条城、徳川秀忠は伏見城を進発した。十五万五千という徳川方の大軍は大和方面軍、河内方面軍の二手に分かれ、両者は河内国分《こくぶ》（柏原市）付近で合流し、大坂城へと向かう手筈《てはず》になっていた。

大和方面軍は奈良から法隆寺を経て河内国分へと進軍したが、途中、法隆寺と国分の間は関屋越《せきやごえ》・亀ノ瀬越《かめのせごえ》の隘路《あいろ》となるため、大軍といえども細長い隊列となって進まねばならず、大和川が河内平野に流れ出る国分付近で待ち受けて迎撃すれば、少数の豊臣方にも十分に勝機があった。

このような作戦を立てた豊臣方では、後藤又兵衛が先鋒を務めることになり、まずは平野《ひらの》郷（大阪市平野区）まで軍を進めた。この又兵衛陣所に、五月五日の夜、真田幸村（信繁《のぶしげ》）・毛利勝永《かつなが》が集まって軍評定《いくさひょうじょう》を行ない、後藤・真田・毛利の軍勢が夜中の内に玉手山丘陵の小松山を越え、家康・秀忠の両本陣に突撃することを決めた。「家康公御父子の御《み》

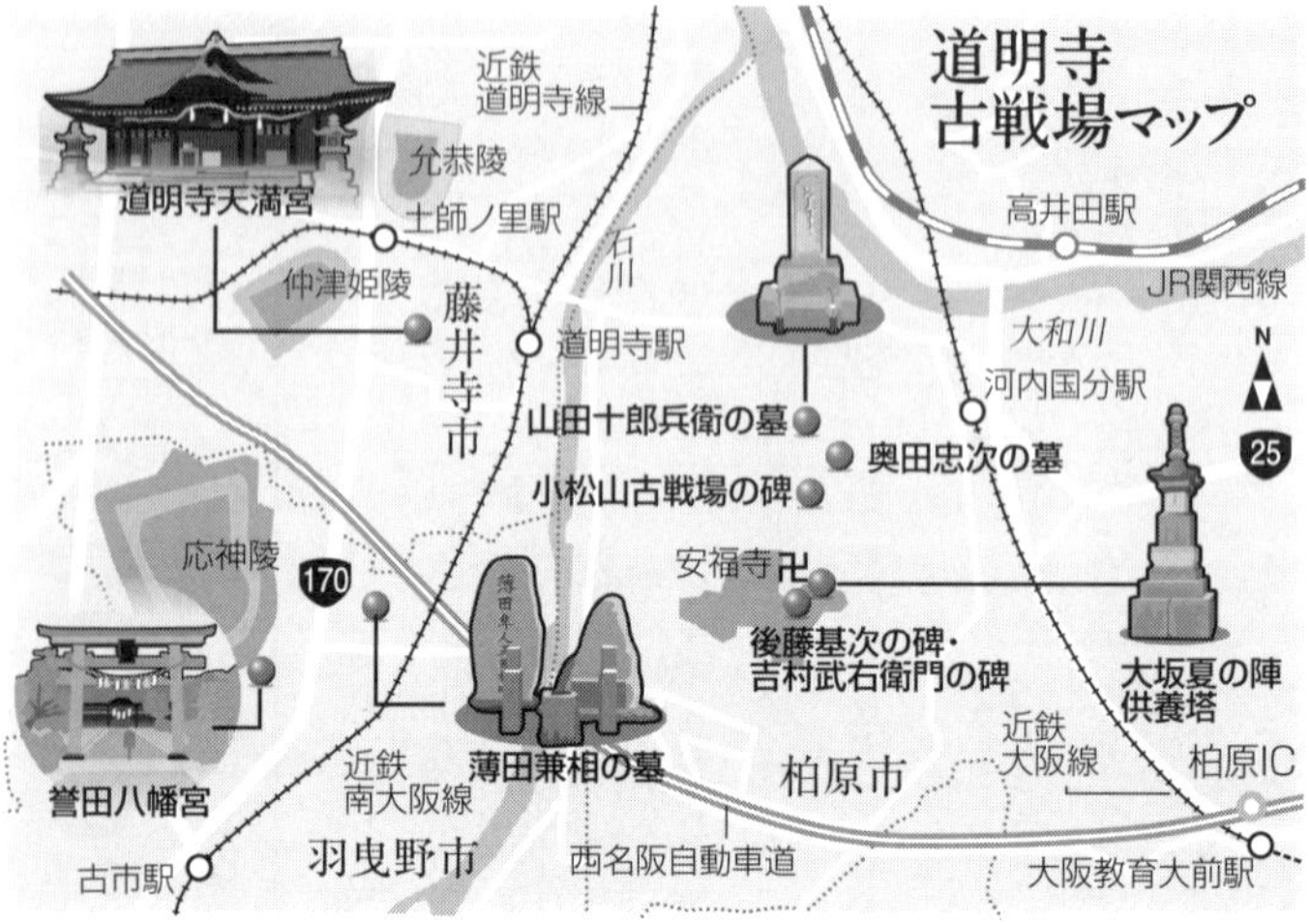

験《しるし》を我々が手に懸け候か、我等三人の首を家康公実見にかけるか、二ツ一ツ候べし」と誓い合い、「最後の盃《さかずき》」を交わした三人は、「明日の一番鳥に道明寺《どうみょうじ》にて出会い申すべし」と約束して、各々涙を流しながら、それぞれの陣所へと戻って行ったと伝えられる（『北川覚書』）。

ところが翌朝、先鋒の後藤又兵衛が道明寺（藤井寺市）に到ると、既に伊達政宗・松平忠輝・松平忠明・本多忠政・水野勝成《かつなり》ら徳川方の大軍が国分に着陣していたため、又兵衛は後続の真田幸村・毛利勝永らの到着を待たずに開戦を余儀なくされた。圧倒的な大軍相手に、又兵衛は獅子奮迅《ししふんじん》の戦いぶりを見せ、一時は小松山の頂上を占領し、優勢となったが、結局は衆寡敵《しゅうかてき》せず、壮絶な最期を遂げた。

家康側近が書いた日記『駿府記』の慶長二十

年五月六日条には、「後藤又兵衛、道明寺辺りにおいて、政宗手へ打取」とあり、公卿山《やま》科《しな》言緒《ときお》の日記『言緒卿記《ときおきょうき》』の同日条にも「後藤又兵衛、正宗手にて討取了《おわんぬ》」とある。これらによると、又兵衛は伊達政宗隊によって討ち取られたことになる。しかし、大坂の陣の経過を描いた『大坂御合戦絵巻』（杉浦家蔵）に道明寺合戦の場面があり、そこでは後藤又兵衛と対決するのは松平忠明隊である。詞書《ことばがき》に「山田十郎兵衛、大坂の強将後藤又兵衛を討取、其の身も終《つい》に打死す」とあり、後藤又兵衛を討ち取ったのは松平忠明の家臣山田十郎兵衛で、十郎兵衛もまた討死を遂げたとする。

後藤又兵衛を討ち取ったという松平忠明家臣山田十郎兵衛の墓（私有地内にあるため見学不可）

この『大坂御合戦絵巻』は松平忠明の子孫で、武蔵・忍《おし》藩主であった松平忠国の命により弘化二年（一八四五）に製作されたもので、現在伝わるのは、その原本を同家家臣杉原信辰が写させたものである。したがって、大坂夏の陣から二三〇年も後に成立した絵巻物ということになる。

では、山田十郎兵衛に関する話が、後藤又兵衛討ち取りの手柄を松平忠明隊のものとするため、忠明の子孫がでっち上げたものかというと、そうではなく、山田十郎兵衛が後藤又兵衛を討ち取ったとする史料は他にもある。

その一つが肥前・平戸《ひらど》藩主の松浦鎮信《まつらしげのぶ》が著し、元禄九年（一六九六）に成立した『武功雑記』で、そこには「後藤又兵衛首ハ、松平下総《しもうさ》殿内山田十郎兵衛打取、十郎兵衛膝シルシヲアゲナガラ、深手ヲ負、死候故、又兵衛首ヲ政宗殿手へ取得候」とある。

これにより、後藤又兵衛を討ったのは実は山田十郎兵衛であり、十郎兵衛が深手を負って亡くなったため、伊達政宗隊が又兵衛の首をわが物にしたという話が早くから伝えられていたことがわかる。儒学者佐藤直方《なおかた》（一六五〇～一七一九）の著書『鶴の毛衣《けごろも》』にも、「或人《あるひと》」から聞いた話として、「後藤首ハ松平下総守内山田十郎兵衛と云《いう》者取之《これをとる》。されども十郎兵衛深手を負、つかれ果たる所を、余人奪ふ」と記される。

後藤又兵衛を討ち取ったとされる山田十郎兵衛の墓は、激戦の地小松山に建てられ、今も同所にある。

（平成27年5月2日掲載）

野田藤

戦火で絶滅の危機 地元の努力によって再生

日本古来の藤の学術名を「ノダフジ」というのをご存じだろうか。植物分類学者として著名な牧野富太郎博士（一八六二〜一九五七）が名付けたものであるが、なぜ「ノダフジ」なのか。それは、大阪市福島区の野田が「吉野の桜」「高尾の紅葉」と並び称されるほど、わが国を代表する藤の名所として知られたからである。延宝三年（一六七五）刊の『蘆分《あしわけ》船《ぶね》』には「野田」の項目があり、「福嶋といふ所より。にしのかたにあたりて。名にしおふたる。野田といふ里あり。されハ。よし野のさくらに。野田の藤。高尾の紅葉なと、。熊野のあま犬うつわらハべまでも。唱歌しける。名所。寔《まことに》見ても〳〵も見あかぬなるべし」と記され、幕末に大坂および近郊の名所百ヶ所を描いた錦絵のシリーズ作品『浪花百景』でも「野田藤」（一養斎芳瀧《いちようさいよしたき》画）が選ばれている。

私は大神楽《だいかぐら》の研究も行っているが、茨城県指定無形民俗文化財の水戸大神楽の口上に「野田の名産下がり藤」と出てくるのを聞いて驚いたことがある。それくらい野田藤は全国的に有名だった。

古くは鎌倉時代初頭の公卿西園寺《さいおんじ》公経《きんつね》（一一七一～一二四四）が吹田にあった同家の別業《べつごう》（別荘）を訪れた折に野田まで足を延ばし、「難波かた　野田の細江を　見わたせハ　藤浪かゝる　花のうきはし」と詠み（『藤伝記』）、室町幕府の二代将軍足利義詮《あしかがよしあきら》も貞治三年（一三六四）四月に住吉大社参詣の途中で野田に立ち寄った。「野田の玉河と云所《いうところ》あり。このほとりに藤の花さきみだれたり」と描写され（『住吉詣』）、義詮もここで「紫の　雲とやいはむ　藤のはな　野にも山にも

はひそか丶れる」と詠んでいる。

　戦国時代になると、「摂津国中島の内、野田福島と云ふ所は近国無双の勝地《しょうち》なり。西は大海なり。四国淡州へ船往還の通路あり。南北東は淀川にて水巻きたること席《むしろ》のごとし。里の廻りは沼田なり。まことに防戦の要害是れに増したる所なし」（『織田軍記』）とあるように、野田の地は畿内と四国・淡路を結ぶ要地となり、野田城が築かれた。野田城の初見は『細川両家記』で、それによると享禄四年（一五三一）、細川晴元・三好元長に対抗する細川高国方の浦上村宗《うらがみむらむね》が「二万余騎」を率いて在陣したというから、相当な規模を持つ城郭であったらしい。

今年も満開の花を咲かせた玉川春日神社の野田藤
（藤三郎氏提供）

　元亀元年（一五七〇）には畿内での勢力回復を目論む三好三人衆が兵八千を率いて籠城し、織田信長と対《たい》峙《じ》した（『信長公記』）。このとき、本願寺十一世顕如《けんにょ》が早鐘《はやがね》を打ち鳴らし、参集した門徒《もんと》衆が信長軍の背後を衝いた。これが以後十年の長きにわたる石山合戦の始まりとなった。

　これより先、天文二年（一五三三）には野田を訪れた本願寺十世証如《しょうにょ》を近江の守護大名六角定頼《ろっかくさだより》の手勢が襲ったため、野田の門徒衆が証如を守護して戦い、二十一人が討死したものの、証如は無事紀州鷺森《さぎのもり》（和歌山市）へ落ち延びたと伝えられる。証如は深く感謝し、野田の門徒中に感状を贈った。これが「野田御書《ごしょ》」と呼ばれるもので、浄土真宗本願寺派（西本願寺）の野田御坊・圓満寺《えんまんじ》に伝来し、大阪市指定文化財となっている。野田には真宗大谷派（東本願寺）の野田御坊・極楽寺もあり、本堂前に「二十一人討死の墓」がある。

この野田門徒二十一人の討死は天文二年ではなく、前年の可能性が高いが（藤三郎著『なにわのみやび　野田のふじ』）、いずれにせよこの戦闘で野田は焼け野原となった。藤もまた焼けたが、やがてひこばえから新芽が生じて蘇り、文禄三年（一五九四）には豊臣秀吉が藤見物に訪れ、休息した茶屋を「藤庵《ふじあん》」と名付け、お伽衆《とぎしゅう》の曽呂利新左衛門《そろりしんざえもん》に「藤庵」の額を作らせた。この額は今も玉川春日神社に残り、秀吉の愛《め》でた藤庵の庭は下福島公園に移されている。

さしもの野田藤も、第二次大戦の戦火で絶滅の危機に陥ったが、大阪福島ライオンズクラブをはじめとする地元の方々の懸命の努力によって見事再生した。平成七年には福島区の「区の花」に選定され、今年も由緒《ゆいしょ》の地である玉川春日神社をはじめ、区内各所で満開の花を咲かせた。

（平成27年6月6日掲載）

豊臣秀頼の右筆

故郷河内に遺された大橋龍慶の木像

松原市三宅の大橋家で同家ゆかりの大橋龍慶《りゅうけい》の木像を調査して、既に二十五年が経過した。

当時私は大橋龍慶について、その名前さえ知らず、大橋家に等身大の木像があると聞いて調査にうかがったのであるが、目の前に現れた木像はすばらしい肖像彫刻で、背面にはびっしりと銘文が刻まれていた。それによると、この木像の像主は大橋龍慶という人物で、背銘は全て龍慶の自筆だといい、末尾には著名な禅僧沢庵宗彭《たくあんそうほう》（一五七七〜一六四五、大徳寺一五三世）の偈《げ》が添えられていた。

それだけでも龍慶がただならぬ人物であることがわかるが、銘文の内容を読んでさらに驚かされた。龍慶は河内の出身で父祖二代にわたって「左兵衛尉《さひょうえのじょう》」を称したが、いずれも戦場で亡くなり、龍慶は三歳で孤児になった。成長した龍慶は諸国を歴訪し、ついに三代将軍徳川家光の麾下《きか》に属することとなり、近習に加えられた。そして家光から剃髪《ていはつ》の許しを得て、僧位としては最高位の法印《ほういん》に叙された。龍慶は武蔵《むさし》国牛込《うしごめ》郷（東京都新宿区）に所領を持っていたが、あるとき強風が吹いて榎の大木が倒れた。以来、奇瑞《きずい》が相次いだため、龍慶はこの木を用いて、牛込郷の鎮守《ちんじゅ》八幡社（穴八幡《あなはちまん》）の御神体ならびに本地仏《ほんじぶつ》、さ

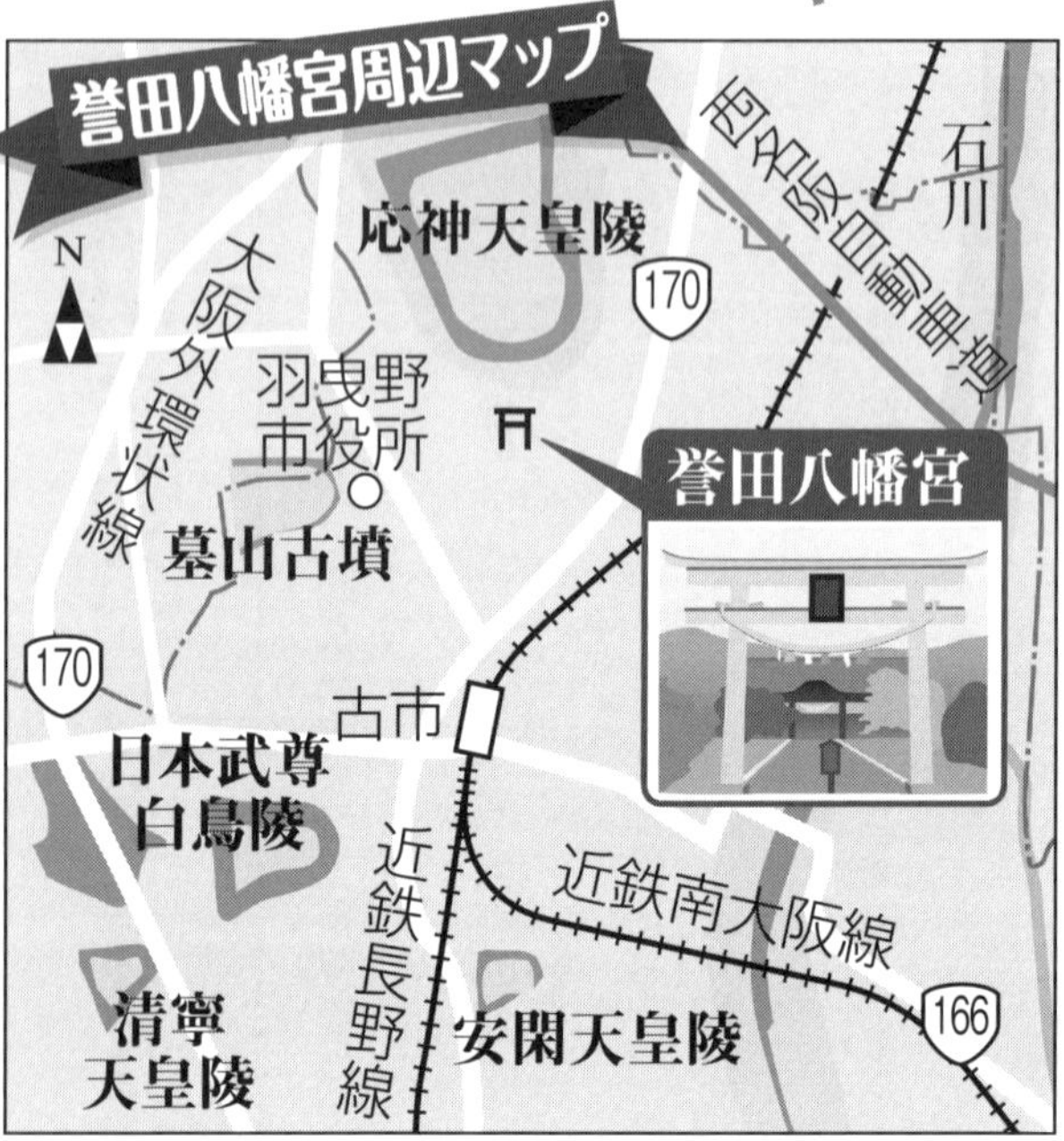

らに天神菅原道真像、弘法大師像などを造り、社殿に安置した。ところが龍慶の長男がその残りを使って父の寿像《じゅぞう》を造りたいと言い出した。後世に自らの像を遺したところで何の益にもならないとは思いながら、今年で生誕から満六十年になるので、孝子の希望に応えて仏師藤原眞信に造らせた。それがこの像だというのである。完成した龍慶の木像を故郷の霊地である誉田《こんだ》八幡宮（羽曳野市誉田）の草堂に祀ることで、龍慶は来世まで神前に勤仕《ごんし》することになる、と記されている。時に寛永十九

年（一六四二）五月十日で、ちょうどこの日が満六十歳の誕生日であるというから、大橋龍慶は天正十年（一五八二）五月十日生まれということになる。

徳川幕府編纂の系譜集『寛政重修諸家譜《かんせいちょうしゅうしょかふ》』にも、たしかに大橋家の系譜が収められており、龍慶の存在も確認できた。

かつて大橋龍慶の木像が安置された誉田八幡宮。龍慶は寛永21年（1644）34点もの神宝を誉田八幡宮に奉納した

それによると、龍慶の祖父は重治《しげはる》といい、三好長慶に仕えてしばしば戦功を挙げたが、永禄九年（一五六六）の大和・多聞《たもん》城合戦で傷を負い、亡くなった。

父は重慶《しげよし》といい、永禄十年、わずか十二歳で摂津国の野田・福島合戦において勇名を馳せ、のち豊臣秀次に仕えたものの、天正十二年四月九日の長久手《ながくて》合戦で討死。嫡男の重保《しげやす》（のちの龍慶）はこのときわずか三歳であった。

重保が九歳のとき、秀次が彼を捜していると聞き、父の旧友を通じて名乗り出たが、幼少の間は勉学に励むようにとの沙汰であったので、京都・南禅寺に入り以心崇伝《いしんすうでん》（金地院《こんちいん》崇伝、一五六九〜一六三三）に師事。ところが文禄四年（一五九五）秀次が秀吉によって高野山に追放され自害となったため、重保は西国を流浪。その後、片桐且元《かたぎりかつもと》に召し抱えられ、豊臣秀頼の右筆《ゆうひつ》に取り立てられた。慶長十九年（一六一四）十月、片桐且元・貞隆兄弟とともに大坂城を退去。冬の陣では片桐兄弟の陣に加わり奮戦したが重傷を負い、夏の陣には参戦できなかった。そのため陣後の論功行賞《ろんこうこうしょう》に与《あずか》ることができず、浪人となったが、元和三年（一六一七）三月十七日、二代将軍徳川秀忠の増上寺参詣の折、これまでの経緯を直訴《じきそ》。これが認められて、秀忠の右筆となり、次いで家光の右筆を務めたという。

晩年は柳生宗矩《やぎゅうむねのり》らとともに、家光のお伽衆《とぎしゅう》となり、幕府正史である『徳川実紀』には、将軍家光が頻繁に牛込高田町の龍慶屋敷を訪れる様子が記される。

松原市三宅の大橋家は、龍慶の直系ではないが、縁戚にあたり、幕府旗本となった江戸の大橋家にかわって、誉田八幡宮の大橋龍慶堂に毎月代参を務めた。それが縁で、明治の神仏分離により僧形の龍慶木像が誉田八幡宮を離れざるを得なくなった折、三宅の大橋家に木像が遷《うつ》されたのである。龍慶木像は平成七年に大橋家から松原市に寄贈された。

（平成27年7月4日掲載）

篠山十四勇士の墓

一心寺境内に立つ 大坂の陣ゆかりの墓碑

大阪市天王寺区逢阪《おうさか》の一心寺は「納骨の寺」「骨仏《こつぶつ》の寺」として著名であるが、同寺はまた大坂の陣ゆかりの寺としても知られる。大坂夏の陣から五十年ごとに戦没者供養の大法要が営まれ、境内には大坂夏の陣で戦死を遂げた上総《かずさ》・大多喜《おおたき》（千葉県大多喜町）城主の本多忠朝《ただとも》の巨大な五輪塔が建ち、幕府旗本松平正勝・林吉忠らの墓もある。篠山十四勇士の墓もそうした大坂の陣ゆかりの墓碑の一つである。

青山忠俊（一五七八～一六四三）は、徳川家康譜代の臣青山忠成の嫡男で、慶長十五年（一六一〇）から徳川幕府の書院番頭《しょいんばんがしら》を務めていた。書院番は江戸城内白書院《しろしょいん》の「紅葉《もみじ》の間」に勤番したことからその名がある。将軍に近侍し、さまざまな儀式の際には将軍の給仕などを行い、将軍外出の際には前後の警備を担当した。旗本の役職としてはたいへん格が高く、小性組《こしょうぐみ》番と並んで「両番」と称せられ、上級役職へ昇進しやすく、旗本のエリートコースであった。書院番は当時四組あり、それぞれに番頭《ばんがしら》がいたが、青山忠俊はその一人であった。

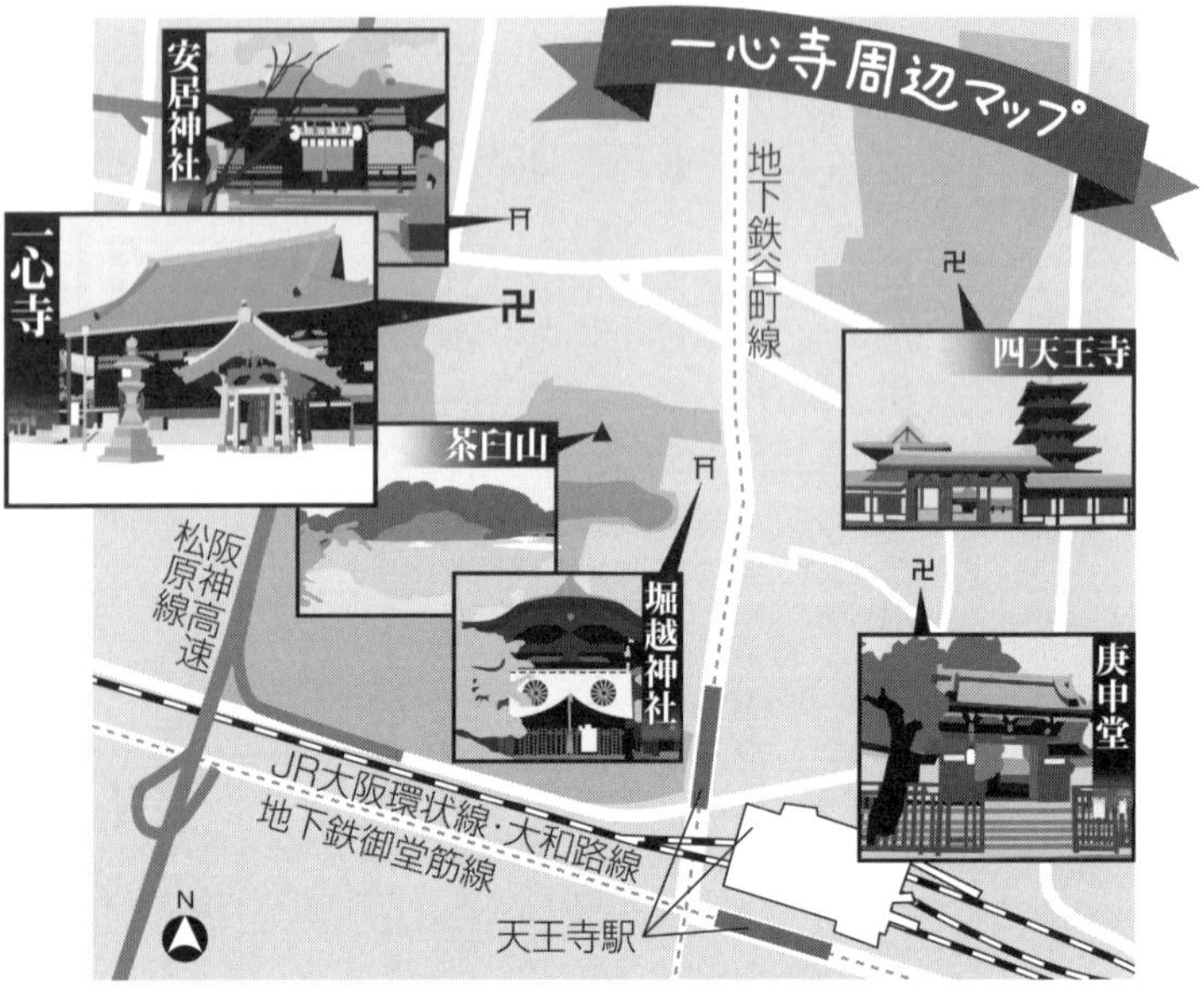

忠俊は、慶長二十年五月七日、大坂夏の陣最後の決戦で、大番頭の高木正次、同じ書院番頭の水野忠清とともに、将軍秀忠本隊の右側に備えた。加賀藩主前田利常、彦根藩主井伊直孝が先鋒を務めたが、両軍の間に隙間《すきま》が生じたので、これを埋めるべく、秀忠の命を受け、青山忠俊と高木正次・水野忠清は二番手を務めることになった。先に天王寺口で戦端が開かれ、続いて玉造口でも戦闘が始まり、前田利常隊が攻めかかると、劣勢になった豊臣方は十町（約一キロ）ほど後退したが、玉造稲荷神社の社前で踏みとどまり応戦した。その様子を見て高木正次隊が進軍したが、まっすぐ進まず迂回《うかい》するので

一心寺境内の「篠山十四勇士の墓」。痛みがひどくなったため、現在は新たな墓碑が再建されている

不審に思った忠俊が使者を派遣し正次にその理由を問うと、正次は、正面に沼があり、深くて馬の脚が立たないので迂回している、との回答を寄越《よこ》した。敵を眼前に見ながら迂回するとは何たることぞ、と喚《おめ》き、采配《さいはい》を振って押太鼓《おしだいこ》を打たせ、沼を渡るよう命じた。帯のあたりまで泥に浸《つ》かり、沼の中の行軍は難渋《なんじゅう》をきわめた。やっとのことで向こう岸にたどり着いた青山隊は、前田隊の猛攻を耐え続けていた敵兵に攻めかかり、結果、三一の首級を挙げた。しかし、代償も大きく、忠俊麾下《きか》の書院番士六名と忠俊の家臣十四名が壮絶な討死を遂げた（『寛政重修諸家譜』）。

　この軍功を賞せられた忠俊は、翌元和二年（一六一六）五月老中に列せられ、同六年には武蔵・岩槻（さいたま市岩槻区）四万五千石の城主となった。忠俊はまた将軍秀忠から嫡子家光の傅役《もりやく》を命ぜられていたが、元和九年、公衆の面前で家光を叱正《しっせい》したことで勘気《かんき》を蒙り、所領を削減され、上総・大多喜二万石に転じ、ほどなく改易となった。

忠俊は遠江《とおとうみ》国小林村（浜松市浜北区）に蟄居《ちっきょ》を命ぜられ、嫡男宗俊らも連座となったが、寛永九年（一六三二）宗俊は赦免《しゃめん》となり、寛永十五年に書院番頭に就き、寛文二年（一六六二）には大坂城代に栄転となる。宗俊は延宝六年（一六七八）老齢のため大坂城代を辞し、浜松五万石の城主となった。青山家は二代後の忠重の代に丹波・亀山（京都府亀岡市）五万石に移り、さらに二代後の忠朝《ただとも》が丹波・篠山（兵庫県篠山市）五万石に転封となった。忠朝は宝暦八年（一七五八）大坂城代となり、同十年に一心寺を訪れ、大坂夏の陣で討死を遂げた青山家家臣十四名の墓を探したが見つからなかったという。同年七月十五日、忠朝が亡くなり、甥で養子の忠高が後を継ぎ篠山藩主となった。忠高は養父の志を継いで新たに十四人の墓碑を建立した（『禮典』）。これが「篠山十四勇士の墓」で、碑文は大坂の町人出身の儒者で、篠山藩の藩学者となっていた関世美《せきときよし》（一七一八～一七八三）が撰んだ。墓碑に刻まれた日付は、忠朝生前で、十四人の命日にあたる「宝暦十年庚辰《かのえたつ》夏五月七日」となっている。

「篠山十四勇士」とはいうものの、大坂夏の陣当時に彼らが篠山藩士であったわけではない。

（平成27年8月1日掲載）

長宗我部盛親

大坂の陣 豊臣方随一の大身

大坂冬の陣勃発に際し、数多くの浪人衆が大坂城に入った。その中でかつて最も大身であったのが、土佐一国二十二万石余の太守長宗我部盛親《ちょうそかべもりちか》（一五七五〜一六一五）である。

盛親は、戦国時代に四国の覇者となった長宗我部元親の四男で、慶長四年（一五九九）元親《もとちか》の没後、家督を継いだ。翌年の関ヶ原合戦で西軍に与《くみ》したため、戦後、領国を没収され、浪人となった盛親は「祐夢《ゆうむ》（幽夢・遊夢・友無とも）」と名乗り京都・上京の「柳の厨子《やなぎずし》」で寺子屋の師匠を務めた。そこに大坂冬の陣が勃発。盛親のもとにも豊臣秀頼の使者が訪れ、盛親は求めに応じて、大坂城入城を果たした。『韓川筆話《かんせんひつわ》』によると、「祐夢」こと盛親は家蔵の茶器を特別に見せるからと近所の人々を呼び集め、賑やかに酒宴を開くうちにいつとはなく姿を消したという。近所の人々はこの時点で「祐夢」が盛親であることをまったく知らなかったが、大坂夏の陣ののち、捕えられた盛親が京都・六条河原で処刑された折、見物に出かけ、初めて「祐夢」が盛親であったことを知ったとされる。また『槐記《かいき》』によると、盛親は甲冑姿に身を固めて「柳の厨子」を出たが、出発の時点で二、三名だったの

が、寺町三条では二、三百騎となり、伏見では千騎ほどにも膨《ふく》れ上がったという。浪人となったのちも盛親は常に旧臣たちと連絡を取り合っていたのである。

　秀頼の臣山口休庵《きゅうあん》によると、盛親は旧領土佐一国の回復を条件に大坂城に入ったという（『大坂陣山口休庵咄《はなし》』）。大坂城に入った盛親は、真田幸村（信繁）・毛利勝永とともに「大坂三人衆」、後藤基次（又兵衛）・明石全登を加えて「大坂五人衆」と呼ばれ、外様ではあったが、大坂城中で重きをなした。慶長十九年十二月四日の真田丸攻防戦の際は、真田丸から少し西に位置する八丁目口を担当し、松平忠直・井伊直孝両隊相手に勝利を挙げた。

翌年、夏の陣五月六日の戦いでは、後藤基次・毛利勝永・真田幸村らが道明寺方面に向かったのに対し、盛親は木村重成とともに久宝寺方面に向かい、重成は井伊直孝隊、盛親は藤堂高虎隊と激突した。

現在は柏原市からほぼ真西に流れ、堺市で大阪湾に注ぐ大和川であるが、この流路に付け替えられたのは宝永元年（一七〇四）のことで、それまでは、石川と合流した大和川はしばらくそのまま北西に流れ、現在の八尾市二俣《ふたまた》で久宝寺川（長瀬川）と玉櫛《たまくし》川（玉串川）とに分かれ、玉櫛川はさらに菱江川と吉田川に分かれ、最終的にはまた一つの大和川となって大坂城の北で淀川（大川）に流入していた。

久宝寺寺内町の今口にある「長宗我部物見松」の跡。長宗我部盛親はこの場所にあった松に登り、八尾側の藤堂隊の様子を偵察したと伝えられる

久宝寺川は河内国渋川郡久宝寺村（八尾市久宝寺）と同国若江郡八尾村（八尾市本町ほか）の境界

となっており、盛親は久宝寺側に陣を置き、川を挟《はさ》んだ八尾側には藤堂隊先鋒が出張《でば》って来ていた。長宗我部隊は一旦久宝寺川を越えて八尾側に攻め込んだものの、形勢不利とみて、久宝寺側へと引き揚げた。けれどもこれは陽動作戦で、長宗我部隊は八尾側に伏勢《ふせぜい》を残して退却していた。藤堂隊が長宗我部隊を追って久宝寺側に攻め込むと、伏勢が背後を衝《つ》き、挟《はさ》み撃《う》ちして、藤堂隊のほとんどを壊滅させた。

しかし、若江合戦で木村重成が討死し、道明寺合戦でも豊臣方が敗れたとの報せが届いたため、盛親は平野《ひらの》方面への退却を命じた。そこに襲いかかったのが藤堂隊の渡辺勘兵衛率いる一隊で、長宗我部隊を追撃し、首級三百を挙げた。

八尾合戦はこのように、前半は長宗我部隊の勝利、後半は藤堂隊の勝利となった。『北川遺書記』は、長宗我部盛親と渡辺勘兵衛を「両人の武勇無比類《ひるいなく》候」と称え、『山下秘録』は、盛親の戦いぶりを「親の宮内《くない》（元親）ヨリ弓矢ヲ取テハ上也」と評した。

盛親は翌七日最後の合戦で京橋口を担当したが、大坂落城とともに戦場から逃れた。再起を期したが、十一日に八幡《やわた》で捕えられ、十五日に京都・六条河原で斬首、首は三条河原に曝《さら》された。この首を蓮光寺の僧が貰《もら》い受け、丁重に葬った。今も盛親の墓が京都市下京区本塩竈町の同寺にあり、盛親の遺品も伝来する。

（平成27年9月5日掲載）

本能寺の変と大坂城

千貫櫓に明智光秀の娘婿が籠城

現在の大阪城地にあった浄土真宗本願寺派の本山・大坂（石山）本願寺は、十一世顕如《けんにょ》上人《しょうにん》の代、元亀元年（一五七〇）に門徒たちに檄《げき》をとばし、織田信長との戦闘に突入した。いわゆる「石山合戦」である。「石山合戦」は十年の長きに及び、最後は天正八年（一五八〇）閏《うるう》三月に正親町《おおぎまち》天皇の仲裁で講和が成立し、顕如上人は大坂を退去して紀伊国鷺森《さぎのもり》（和歌山市）へと移った。けれども、顕如上人の長男教如《きょうにょ》上人（のち東本願寺初代）が徹底抗戦を叫んで籠城を続け、同年八月、教如上人らが退去する際に火が出て、本願寺の御堂も周囲の寺内町《じないまち》も悉《ことごと》く灰塵《かいじん》に帰した。

大坂本願寺はその名のとおり「寺」ではあったが、本願寺王国であった加賀国（石川県）から「城作《しろつくり》を召し寄せ」（『信長公記』）て造られ、「摂州第一ノ名城ナリ」（『足利季世記』）と称《たた》えられるほど、立派な城郭でもあった。その本願寺の跡地を手に入れた織田信長はここを「大坂城」として用い、天正十年の時点では本丸に重臣の丹羽長秀《にわながひで》、千貫櫓《せんがんやぐら》には甥《おい》の織田信澄《のぶずみ》を城番として置いていた（『細川忠興軍功記』）。今も同じ「千貫櫓」という名称

の櫓が存在するが、二の丸で最も重要な櫓に位置付けられるので、本丸の丹羽長秀に対し、織田信澄は二の丸を任されたのであろう。

　信長はしばしば、一つの城を一人に預け切りにするのではなく、複数の部将を配し、互いに競わせ、監視させるという手法をとった。和泉国でも、支配拠点であった岸和田城の本丸に義理の従兄弟である織田信張《のぶはる》、二の丸には重臣の蜂《はち》屋《や》頼隆《よりたか》を入れた（『真鍋家記』）。

　さて信長は、天正十年三月、三男の信孝《のぶたか》を三好康長《みよしやすなが》の養子とする。信孝は永禄十一年（一五六八）に伊勢国神戸《かんべ》城主・神戸具盛《とももり》の養子となり、「神戸」を称していたが、信長は四国の長宗我部《ちょうそかべ》氏討伐の大義名分を得るため、信孝を阿波の名族三好家の養子としたのである。

四国攻めの総大将となった信孝は同年五月二十五日に安土城で父信長への拝謁《はいえつ》を済ませて出陣し、二十九日には住吉に着陣した。イエズス会宣教師ルイス・フロイスによると、信孝は「一万四千名」の軍勢を率いており、その行軍は「まことにきらびやかで」あったという（「一五八二年度日本年報追信」）。この信孝軍には副将として、大坂城の本丸を預かっていた丹羽長秀、岸和田城の二の丸を預かっていた蜂屋頼隆が加わり、天正十年六月二日に堺から乗船し四国に向かう予定であった。ところが、まさにその日、京都で本能寺の変が起こり、信長ならびに嫡男の信忠が非業《ひごう》の死を遂げるのである。急報は出航直前に信孝のもとに届き、信孝軍は大混乱となり、

現在の千貫櫓（国指定重要文化財）。大手門を守る千貫櫓は大坂城二の丸の最も重要な櫓だった

一万四千もの軍勢が散り散りになって、「残る兵わづかに八十騎ばかり也」（『北畠物語』）という事態に陥った。

しかし、丹羽長秀・蜂屋頼隆の両軍はよく踏ん張り、丹羽長秀は信孝を支えて大坂城へと戻った。ところが、大坂城の二の丸を預かる織田信澄は明智光秀の女婿《じょせい》であったため、自分が殺されるのではないかと恐れ、信孝らの入城を拒んだ。一計を案じた長秀は信孝軍との間で偽りの戦いを演じ、負けたふりをして信澄に援軍を乞い、大坂城中へと逃げ込んだ。そのとき、信孝軍もともに大坂城内に突入し、信澄を自害に追い込んだ。本能寺の変から三日後の六月五日のことであった（「一五八二年度日本年報追信」）。

こうして大坂城に入った信孝のもとには河内国の諸将が挨拶に訪れ、臣従を誓った。一方、岸和田城に戻った蜂屋頼隆は織田信張と力を合わせて和泉国の動揺を鎮《しず》め、同国の諸将も蜂屋頼隆・織田信張の両将を通じて信孝に臣従することとなった。こうして大坂城で体制を立て直した信孝は、六月十日付けで岸和田城の両将に手紙を送り、二、三日中に出陣する旨を伝えた。

翌十一日、備中高松城攻めを切り上げて上方《かみがた》に向かい急行して来た羽柴秀吉が尼崎に到着する。十三日、摂津国富田《とんだ》（高槻市）で秀吉と信孝が合流。同日の山崎合戦で逆臣明智光秀を討ち果たすのである。

（平成27年10月3日掲載）

大坂の陣の案内者

人々を味方に引き入れる工作も

河内長野市喜多町の烏帽子形《えぼしがた》城跡は、本丸跡や土塁《どるい》・空濠《からぼり》・曲輪《くるわ》跡など、中世城郭の姿が良好な形で残っており、平成二十四年一月に国の史跡に指定された。烏帽子形城は、河内国（大阪府）と紀伊国（和歌山県）との国境近くに位置し、両国を結ぶ高野街道を扼《やく》する戦略上の要地を占めた。そのため、応仁の乱以降、たびたび戦乱の舞台となった。

ルイス・フロイスの『日本史』には烏帽子形城の様子が次のように記される。

「堺から五、六里のところで、河内の国境に烏帽子形という城がある。周囲の多数の村落や集落を支配するその城は、三人の殿によって管理されており、そのうちの二人はキリシタンで、残りの一人は異教徒であった。同城には約二百人のキリシタンがいたのであろうか。それ以上キリシタンがふえなかった理由は、従来、彼ら三人の殿のうち、一人の殿、すなわち伊地智文大夫《いじちぶんだゆう》という殿だけしかキリシタンではなく、彼一人だけではその地で好きなことをするわけにはいかなかったからである。だが本年になって主なるデウスはもう一人の、より富裕な殿がキリシタンになることを嘉し給うた。この殿はその息子を池田シ

メアン丹後殿という五畿内では高名な、きわめて身分の高い、ある城主の娘と結婚させた。同少年はすでに受洗したので、丹後殿はさっそく、婿《むこ》、ならびにかの城のもう一人のキリシタン殿伊地智文大夫とともに、城中の人々を改宗させるのに全力を傾けようと決心した。その結果、少年の領地だけで、まもなく五百人以上が受洗した。彼らは信仰を深め秘蹟《ひせき》をうけるために、一つの教会を造ろうと熱心に準備をすすめた。」

文中に「本年」とあるが、これは一五八一年のことで、当時烏帽子形は、河内国において、岡山（四條畷市)・三ケ《さんが》(大東市)・八尾とならぶキリシタンの拠点であった。文中に名の挙げられた「池田シメアン丹後殿」とは八尾城主だった池田教正《のりまさ》を指す。

ここに記されたように、一五八一年の時点で烏帽子形城は三人の領主による共同管理となっており、伊地智文大夫ともう一人がキリシタンで、他の一人は旧来の信仰を持つ「異教徒」だった。

烏帽子形城の本丸跡

翌年、本能寺の変が起こり、織田信長の時代が終焉《しゅうえん》を迎え、羽柴(豊臣)秀吉の世が到来する。秀吉は河内国で「移封」を行い、結果、「岡山、三ケ、八尾及び烏帽子形の殿達は、その土地を失」い、「幾人かは死に、他は彼らに従った総ての武士や兵士と共に追放された」という(アレシャンドロ・ヴァリニャーノ『日本諸事要録』補遺)。

徳川幕府が編纂した『寛政重修諸家譜《かんせいちょうしゅうしょかふ》』によると、甲斐庄《かいのしょう》氏は、戦国期には烏帽子形城主であったが、正治の代に河内を去って遠江《とおとうみ》国浜松に赴き、徳川家康に仕えたという。そして、正治の跡を継いだ正房が河内国錦部《にしきべ》郡（河内長野市ほか）内で二千石を賜り、本貫地《ほんがんち》への復帰を果たす。正房が「大坂冬・夏御陣に河内の案内者となり」、「軍功」が認められたからである（『寛永諸家系図伝《かんえいしょかけいずでん》』）。

当時、合戦で他国に攻め入る場合、その土地の事情に明るい人を「案内者」とし、先導役を務めさせるのが常であった。大坂の陣において、河内国出身の甲斐庄正房が徳川方の「案内者」となったが、摂津国平野《ひらの》郷（大阪市平野区）の末吉吉安《すえよしよしやす》も同様に徳川方先鋒のそれを務めている（『寛永諸家系図伝』）。摂津国大道《だいどう》村（大阪市東淀川区）の庄屋太郎左衛門は徳川軍を同村周辺地域に引き込む「案内者」を務め、「絵図を仕り」、「河之瀬をおしえ」た（澤田家文書）。

慶長二十年（一六一五）四月二十九日には、和泉国樫井《かしい》（泉佐野市）で豊臣方の塙団右衛門《ばんだんえもん》・岡部大学らが徳川方の和歌山城主浅野長晟《ながあきら》隊と激突したが、このとき豊臣方は和泉国淡輪《たんのわ》村（岬町）の淡輪重政を「和泉路の案内者」、紀伊国山口庄（和歌山市）の山口兵内・兵吉兄弟を「紀州の案内者」としていた（『大坂御陣覚書』）。

彼ら「案内者」は道や川の浅瀬を教え、文字通り進軍の案内役を務める一方、絵図を作成したり、故郷の人々を味方に引き入れる工作も担当したのである。（平成27年11月7日掲載）

藤堂高虎隊の墓所

大坂夏の陣八尾合戦で壮絶な討死

近鉄八尾駅に程近い常光寺《じょうこうじ》境内に慶長二十年（一六一五）五月六日の大坂夏の陣八尾合戦で討死を遂げた徳川方藤堂高虎《とうどうたかとら》隊将士の墓所がある。

大坂夏の陣に際して、徳川方の大軍は、奈良から法隆寺を経て河内に入る大和方面軍と、信貴・生駒の山裾《やますそ》を南下する河内方面軍の二手に分かれて大坂に向かい進軍したが、家康の信任厚い津城主の藤堂高虎は河内方面軍の先鋒を命ぜられた。

この高虎の軍勢と激突したのが、元は土佐一国の太守《たいしゅ》であった長宗我部盛親《ちょうそかべもりちか》隊である。長宗我部隊の猛攻を受けた藤堂隊は藤堂仁右衛門高刑《にえもんたかのり》・藤堂新七郎良勝《しんしちろうよしかつ》・藤堂玄蕃良重《げんばよししげ》・藤堂勘解由氏勝《かげゆうじかつ》・桑名弥次兵衛一孝《くわなやじへえかずたか》・山岡兵部重成《やまおかひょうぶしげなり》という一族・重臣の部隊長六名が討死するなど壊滅状態に陥った。しかし、同日の道明寺合戦・若江合戦で敗北を喫した豊臣方は長宗我部隊に大坂城への引き揚げを命じた。そこに襲いかかったのが渡辺勘兵衛《わたなべかんべえ》率いる一隊で、高虎からの退却命令を無視して追撃し、長宗我部隊に甚大な被害を与えた。

渡辺勘兵衛と高虎はともに近江・阿閉《あつじ》氏の家臣だった間柄で、その後秀吉や中村一氏《なかむらかずうじ》などを経て増田長盛《ましたながもり》に仕えた勘兵衛は、関ヶ原合戦後に浪人となり、旧友高虎に二万石という破格の待遇で召し抱えられた。

高虎の一族や藤堂家譜代の重臣はこれに不満を持ったと伝えられる。大坂夏の陣の陣触《じんぶ》れが出た際、藤堂良勝の屋敷に藤堂高刑・良重・氏勝ら一族・重臣八、九名が参集し、良勝が「殿のなされようは、まるでわが藤堂家には勘兵衛以外に将がいないのも同然だ。必要なのは勘兵衛一人ということなら、我々はさっさと討死を遂げればよい。さあ、討死盟約のため、盃《さかずき》を交わそう」と呼びかけた。全員がこれに応じ、良勝らは討死を遂げたという（『難波《なにわ》戦記』）。

一方で勘兵衛は八尾合戦における高

常光寺境内の藤堂隊将士の墓所

虎の指揮の拙《まず》さを散々に罵《ののし》り、高虎も軍令を無視した勘兵衛の戦功を認めなかったため、これを不服とした勘兵衛は、陣後、敢然と藤堂家を去っている。

ところで、討死を遂げた六将の内、桑名一孝は元長宗我部盛親の重臣で、関ヶ原合戦後、長宗我部家の改易《かいえき》にともない、藤堂家に仕官した。一孝にとって、八尾合戦は、新旧の主の激突となった。冬の陣勃発にともない大坂入城を果たした長宗我部盛親のもとにはたくさんの旧臣が駆けつけた。福島正則《ふくしままさのり》の家臣となっていた吉田《よしだ》猪兵衛《いへえ》もその一人で、正則に暇《いとま》を乞《こ》うて、大坂に馳せ参じた。既に徳川方の大軍が大坂城を取り巻いていたため、猪兵衛は藤堂隊の陣所に旧友一孝を訪ねた。ともに旧主のもとに参ろうと誘う猪兵衛に対し、一孝は苦しい胸の裡《うち》を明かした。「長宗我部家が改易となり、浪々の身となった自分を重臣として召し抱えてくださった高虎様にはたいへんな恩義がある。それを裏切り大坂城に入ってしまえば自分は不義不忠の大罪人となってしまう。かといって高虎様に忠義を尽くせば、先祖代々仕えてきた長宗我部家に対し逆罪をなす無道人となる。進退極まったので、実際に戦闘が始まったら、真っ先に敵陣に突っ込んで討死を遂げ、新旧の両主君に義理立てするつもりだ」。これを聞いた猪兵衛は涙を流し、今生《こんじょう》の別れの盃を交わしたという（『南路志』）。

常光寺には本堂の左手に位牌堂《いはいどう》が建てられ、藤堂高虎と六将の位牌などが祀《まつ》られている。五十年ごとに盛大な遠忌《おんき》法要が営まれ、宝暦十四年（一七六四）の百五十回忌には藤堂家七代藩主高朗《たかほら》の実弟高文《たかふみ》（藤堂出雲家六代当主）が墓所に「勢伊死事碑《せいいしじひ》」と題する記念碑を建立した。

京都・南禅寺の壮大な三門（山門）も、高虎が六将らの供養のために寄進したもので、寛永五年（一六二八）に完成した。上層の楼閣内には徳川家康像・藤堂高虎像とともに六将の位牌などが安置されている。

（平成27年12月5日掲載）

砂場のそば

東京の老舗は大坂発祥

最近はあまり耳にしなくなったが、かつては「大阪のうどん、東京のそば」とよく比較されたものである。その東京で「三大暖簾《のれん》」とされるそば店が、「砂場《すなば》」「更科《さらしな》」「藪《やぶ》」である。

これらの内、最も歴史の古い「砂場」は大坂発祥を伝えている。「砂場」は、現在の大阪市西区新町辺りの地名で、豊臣秀吉が大坂築城の際、砂置場としたことに由来するという。幕末の嘉永二年（一八四九）刊行の『日本・唐土　二千年袖鑑《そでかがみ》』三篇に当時砂場にあったそば店「津国屋《つのくにや》」の店先が描かれ、その上部に「天正十二　根元そば名物　砂場二百六十五年　吉田氏　出所摂州東畑《ひがしはた》村」と記されている。当時砂場にあったそば店「津国屋」は嘉永二年から二六五年前の天正十二年（一五八四）に営業を始め、経営者である吉田氏は摂津国東畑村出身だというのである。東畑村は現在の神戸市北区淡河《おうご》町の地名である。これが正しければ、秀吉の大坂築城が天正十一年開始なので、翌年、築城工事の真っ只中で営業が始まったことになる。

寛政十年（一七九八）刊行の『摂津名所図会《せっつめいしょずえ》』巻之四には「砂場」の項があり、「新町

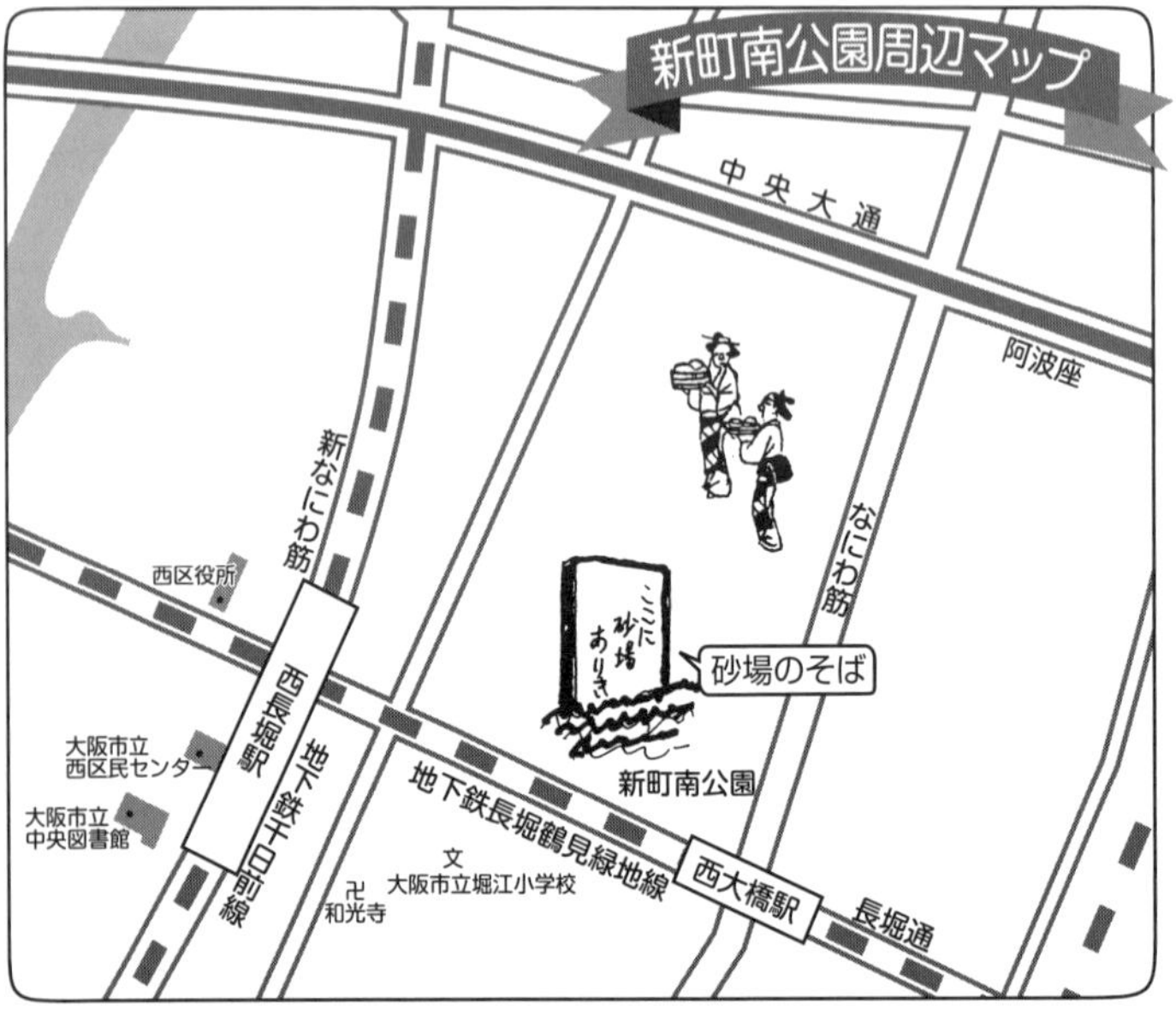

西口南の地名なり。ここに蕎麪《めんるい》を商ふ家あり。難波の名物とて遠近ここに来集する事日々数百に及べり。重檐《ひざし》に蠣蛻《かきがら》を葺《ふ》きて火災を除く用とす。南の方を和泉屋といふて初めは和泉国熊取郷御門《ごもん》村の産、その類族かの地にありとなむ。中氏といふ」と記される。先の『二千年袖鑒』の記述と合せると、砂場には北に「津国屋」、南に「和泉屋」という二軒のそば店が営業しており、「和泉屋」の方は和泉国熊取郡御門村の中氏が経営したということになる。御門村は現在の大阪府熊取町五門で、中氏は中世以来の土豪である。現存する中家住宅は国から重要文化財の指定を受け、数多くの文書も伝来する。実

際、『天明改正版　みをつくし』には「麪類《めんるい》名物　すなば門ぎハ　和泉屋太兵衛」「同　同角　津国屋作兵衛」とあるので、「津国屋」「和泉屋」双方が砂場で営業したことは間違いない。『摂津名所図会』には、「和泉屋」の店先と店内を描いた二枚の挿絵が載るが、多くの客で賑う店舗内は驚くほど広大で、たくさんの店員が働き、店の奥には「かつほ蔵」「そば蔵」「むぎ蔵」「醤油蔵」「臼部屋」などが建ち並ぶ。当時の大坂は、全国各地から多くの旅人が訪れる観光都市で、旅人は必ず砂場に立ち寄り、そばを食べている。その中の一人で、文化九年（一八一二）二月に大坂を訪れた常陸《ひたち》国久慈《くじ》郡高柴村（茨城県大子《だいご》町）の益子広三郎は、和泉屋の規模、賑いぶりに目を丸くし、「和泉屋吉兵衛と言ふ蕎麦屋あり。誠ニ大き成ルけむとん屋ニ御坐候。土蔵数多くあり。其の賑い市場の如し。召夫より下男女四五十人相見え申し候」と記している（『西国順礼道中記』）。

新町南公園に立つ「ここに砂場ありき」の石碑

ところが、ある時期、北の「津国屋」と南の「和泉屋」で人気にずいぶん差が生じたらしい。衰微する一方の「津国屋」は廃業を決意するが、その噂を聞きつけた「和泉屋」の主人が「津国屋」を訪れ、「二つの店があっての砂場。金子をご用立てしますから、何とかお店を続けてください」と申し出た。しかし「津国屋」にもプライドがあって頑として受け取らない。考えた「和泉屋」は夜早くに店を閉め、訪れる客に「申し訳ありません。当店は閉店でございます。津国屋さんなら、まだ営業しておられると思いますので、あちらのお店へどうぞ」と対応した。お蔭で「津国屋」はすっかり持ち直し、元のように繁栄したと伝えられる（中井履軒著『鶉蕎麵者伝』）。

しかし、さすがの「砂場」も、幕末頃からうどん人気に圧され、明治十年代に姿を消す。一方、江戸では大坂から暖簾分けされた「砂場」が江戸時代後期から営業していたが、明治以降、より一層の繁栄を遂げ、今日に至る。

昭和五十九年は「津国屋」が砂場で営業を始めたとされる天正十二年から四〇〇年にあたり、「大阪そば四〇〇年祭」が開催され、翌年、故地である西区の新町南公園に「ここに砂場ありき」という石碑が建立された。裏面には砂場のそばの歴史が記されている。

（新稿）

幕末の三剣士

誉田八幡宮の宮司となった桃井春蔵

幕末の江戸には五百を超える剣術の町道場がひしめいた。

のちに新撰組の局長となる近藤勇の「試衛館《しえいかん》」もその一つであったが、とりわけ神田お玉が池の「玄武館《げんぶかん》」、九段坂上三番町の「練兵館《れんぺいかん》」、八丁堀蜊河岸《あさりがし》の「士学館《しがっかん》」は評判が高く、多数の門弟を抱え、江戸の三大道場といわれた。

「玄武館」は北辰一刀流《ほくしんいっとうりゅう》の道場で、千葉周作が道場主を務めた。千葉周作（一七九四〜一八五五）は千葉幸右衛門成胤の次男として、陸奥《むつ》国栗原郡花山《はなやま》村荒谷《あらや》に生まれた。周作の祖父千葉吉之丞常成は北辰夢想流《ほくしんむそうりゅう》の創始者で、周作も早くからこれを学んだが、文化六年（一八〇九）父が下総《しもうさ》国松戸に移住したのを機に、小野派一刀流の浅利又七郎義信に師事して一刀流を学び、さらに義信の推薦で、義信の師である中西忠兵衛子正《たねまさ》に入門して技を磨いた。やがて独立した周作は、小野派一刀流に家伝の北辰夢想流を加味して、「北辰一刀流」を創始した。門下に新撰組の前身となった浪士組を結成した清河八郎《きよかわはちろう》、新撰組八番隊長の藤堂平助、新撰組参謀から御陵衛士《ごりょうえじ》隊長へと転身した伊東甲子太郎《かしたろう》、新撰組総長

の山南敬助《やまなみけいすけ》など、錚々《そうそう》たる面々を輩出している。また、周作の弟千葉定吉《さだきち》も京橋桶町に「千葉道場」を構えた。この「千葉道場」には坂本龍馬が入門し、定吉の娘佐那《さな》と婚約している。

次に「練兵館」は神道《しんとう》無《む》念流《ねんりゅう》の道場で、斎藤弥《や》九郎《くろう》が道場主を務めた。斎藤弥九郎（一七九八～一八七二）は越中国射《い》水《みず》郡仏生寺《ぶっしょうじ》村に斎藤新助信道の長男として生まれた。十五歳で単身江戸に出て、神道無念流の岡田十松吉利《よしとし》に師事した。師岡田吉利の没後、同門の江川太郎左衛門英龍《ひでたつ》の援助を受け、文政九年（一八二六）飯田町俎《まないた》橋に「練兵館」を創設した。天保九年（一八三八）同道場が火災に遭ったため、九段坂上三番町に移転した。「練兵館」では長州の志士桂小五郎（木戸孝允）が塾頭を務め、同じ長州の高杉晋作・品川弥二郎・伊藤博文らが修業し、新撰組二番隊長の永倉新八も技を磨いた。

最後の「士学館」は鏡新明智流《きょうしんめいちりゅう》の道場で、桃井春蔵直正《もものいしゅんぞうなおまさ》が道場主を務めた。桃井春蔵直正（一八二五〜一八八五）は沼津藩士田中重郎左衛門豊秋の次男で、田中甚助を称した。天保九年（一八三八）江戸に出て、鏡心明智流の桃井春蔵直雄に入門し、その才能が認められて、天保十二年十七歳で直雄の次女さいと結婚して直雄養子となった。嘉永二年（一八四九）二十五歳で皆伝を受け、鏡心明智流正統四世を継承し「桃井春蔵」を襲名した。流派の名称も「鏡心明智流」から「鏡新明智流」に改称している。「士学館」ではのちに土佐勤王党の領袖《りょうしゅう》となる武市半平太《たけちはんぺいた》（瑞山《ずいざん》）が塾頭を務め、「人斬り以蔵」の異名で知られる岡田以蔵や

誉田西墓地にある桃井春蔵夫妻の墓

陸援隊を組織した中岡慎太郎などが学んでいる。

千葉周作・斎藤弥九郎・桃井春蔵は「幕末の三剣士」と並び称され、「位《くらい》は桃井、技は千葉、力は斎藤」と評された。千葉周作は剣技に優れ、力技では斎藤弥九郎が抜群で、品格は桃井春蔵が一番、というわけである。

その桃井春蔵は、文久二年（一八六二）に幕府に召し出され、翌年には講武所《こうぶしょ》剣術世話心得となり、さらに剣術教授方出役を命ぜられた。慶応元年（一八六五）第二次長州出兵のため、十四代将軍徳川家茂《いえもち》が大坂城に入ると、玉造に講武所が開設されたため、春蔵はここでも剣術を指南した。翌年には新設された遊撃隊に属して同隊頭取《とうどり》並となり、慶応三年には遊撃隊を率いて上洛し、将軍慶喜の警護にあたったが、鳥羽・伏見の開戦に異議を唱えて河内国石川郡の幸雲院に隠棲した。

明治元年（一八六八）六月、新政府は大坂市中の治安維持のため「浪花隊《なにわたい》」を組織し、春蔵の人格・力量を見込んで隊長に据えた。同三年八月、「浪花隊」が解散すると、春蔵は誉田《こんだ》八幡宮（羽曳野市誉田）の宮司となった。ある夜、大坂市中での用件を終え、人力車で誉田に帰る途中、春蔵は大和川の堤で三人組の強盗に襲われた。既に老齢の春蔵ではあったが、瞬く間に三人を大和川に投げ込んだという。明治十八年、春蔵は六十一歳で生涯を終えた。誉田西墓地に墓碑が立つ。

（新稿）

木村重成の墓

豊臣秀頼の乳兄弟 若江合戦で覚悟の討死

木村重成は豊臣秀頼の乳母《うば》であった宮内卿《くないきょう》を母とし、秀頼とは乳兄弟《ちきょうだい》の関係にある。父は豊臣秀次事件に連座して自害を遂げた木村重茲《しげこれ》ともいわれるが、定かではない。重成について、『元和老花軍記《げんなろうかぐんき》』は「美男第一」、『難波戦記大全《なにわせんきたいぜん》』は「無双の美男」「和国随一の美男」と記している。

慶長十九年（一六一四）十一月二十六日、大坂冬の陣最大の激戦といわれた鴫野《しぎの》・今福《いまふく》合戦が行われ、この戦いが重成の初陣となった。徳川方の佐竹義宣《さたけよしのぶ》隊は大和川北岸の今福砦《とりで》（大阪市城東区）を攻撃した。瞬く間に第一～四柵を攻め破った佐竹隊は、さらに片原町（大阪市都島区片町）から備前島《びぜんじま》（大阪市都島区網島町ほか）へと攻め寄せる勢いであったが、木村重成が駆けつけ、すぐさま佐竹隊を押し戻し、第四柵を奪い返した。この様子を大坂城の菱櫓《ひしやぐら》から眺めていた秀頼が、「重成を討死させてはならぬ。加勢せよ」と命じ、後藤又兵衛が急行。又兵衛は重成に交代を申し出たが、「本日は某《それがし》の初陣。ここで代ったとあっては、某の面目が立ちませぬ。たとえ討死しようとも、この場は渡しませぬ」と重

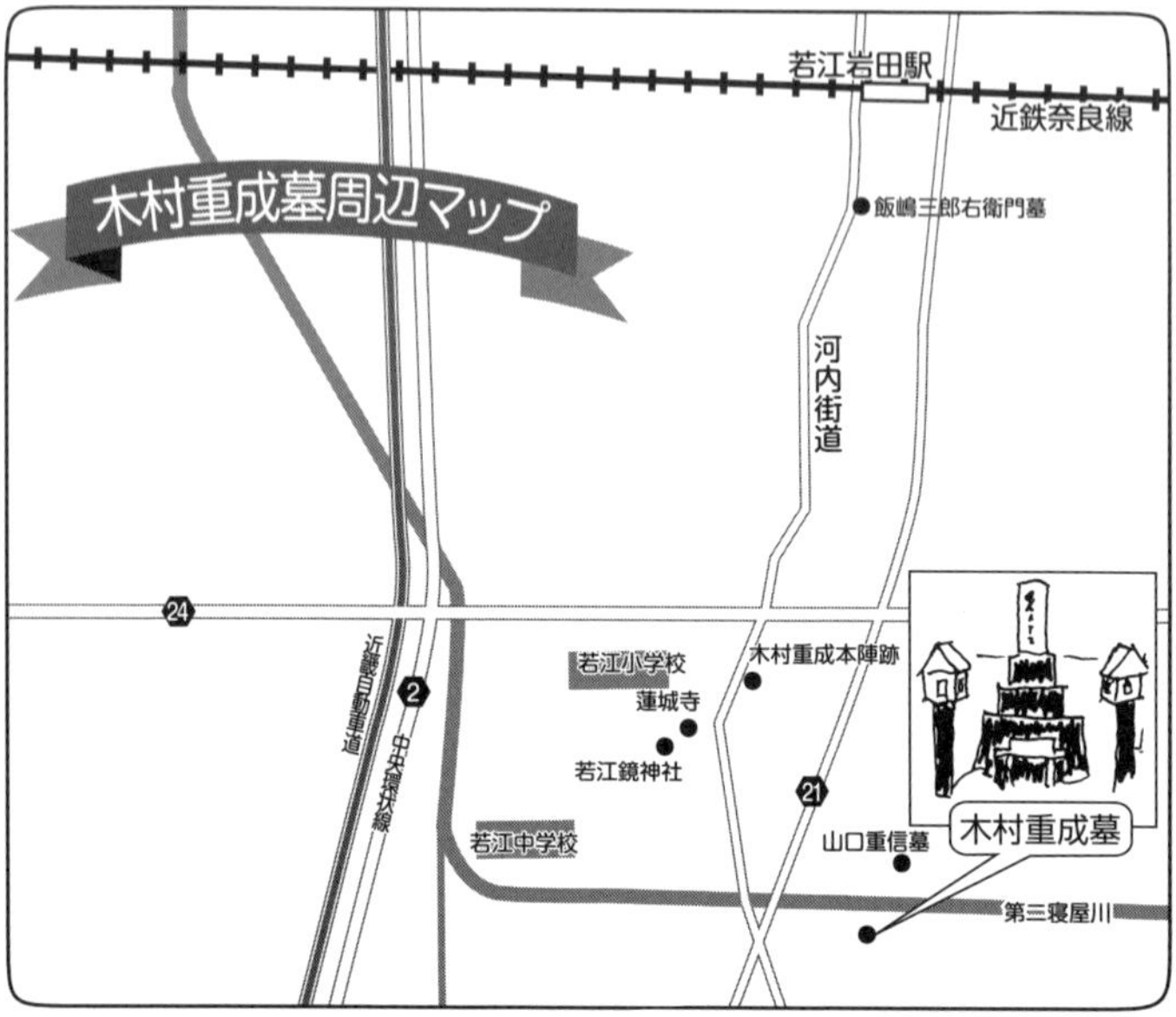

成が強硬に主張したので（『慶長見聞書』）、又兵衛は重成の援護にまわることとした。強力な援軍を得た重成は第一〜三柵も奪還。家老の渋江政光《しぶえまさみつ》をはじめ、多くの重臣を失った佐竹義宣は、わずか五、六十騎の旗本に守られ、後方へと退却。重成は見事に初陣を飾った。

　対岸の鴫野では上杉景勝隊の猛攻の前に豊臣方が敗北を喫したが、その後十二月四日に行われた真田丸の攻防戦では、真田幸村（信繁）が徳川方の前田利常・松平忠直・井伊直孝・藤堂高虎の大軍相手に圧勝。さらに、同月十七日には塙団右衛門《ばんだんえもん》が徳川方の蜂《はち》須賀《すか》至鎮《よししげ》隊に夜襲を仕かけて勝利。戦いは豊臣方の優勢にも見えたが、両軍の間で和睦の交渉が行われ、同月二十日、家康は徳川全軍に攻撃停止を命じた。

翌二十一日、木村重成は郡主馬《こおりしゅめ》とともに、誓詞《せいし》受け取りのため、茶臼山の徳川家康本陣に出向いたという。このとき家康の血判が薄いと重成がクレームを付け、家康が血判を押し直したというエピソードは著名である（『見聞記』）。

八尾市幸町・幸第一公園にある木村重成の墓。左に妹婿の山口弘定の墓が立つ

翌慶長二十年五月、大坂夏の陣が勃発する。徳川軍は奈良から法隆寺・竜田（奈良県斑鳩町）を経て河内国分（柏原市）に至る大和方面軍と、八幡《やわた》（京都府八幡市）から信貴《しぎ》・生駒《いこま》の山麓を南下する河内方面軍の二手に分かれて大坂に向かった。五月六日、木村重成は、東高野街道を進む河内方面軍の井伊直孝隊の横腹を衝いた。重成の軍勢と井伊隊との激突は熾烈《しれつ》をきわめたが、ついに重成は井伊家家臣安藤長三郎重勝《あんどりちょうざぶろうしげかつ》に討ち取られ、壮絶な最期を遂げた。もっとも、『慶長見聞書』などに拠ると、実際には、井伊家重臣庵原朝昌《いはらあさまさ》が重成を仕留めようとしたところ、脇から現れた安藤

重勝が、「その首を某に賜れ」と乞い、重成の首を譲り受けたという。

重成の首は枚岡《ひらおか》（東大阪市）の家康本陣で首実検に供されたが、兜には香が焚《た》き込めてあり、重成の覚悟を知った家康は、「若輩《じゃくはい》ながら稀代《きだい》の勇士なり」と褒《ほ》め称《たた》えたと伝えられる（『難波戦記』）。

首実検ののち、重成の首は、彦根まで運ばれ、宗安寺《そうあんじ》（彦根市本町）の安藤家墓所に丁重に葬られた。また、重成が討死した若江古戦場には、一五〇年忌にあたる宝暦十四年（一七六四）に安藤重勝の子孫が墓碑を建てた。八尾市幸町《さいわいちょう》の幸第一公園にある墓碑がそれであるが、文政十一年（一八二八）には、この墓に願いをかければ、何か一つは必ず叶うという信仰が流行《はや》り、昼夜を分かたず、多くの人々が参詣に訪れた。そのため重成墓所は、連日、祭りのような賑わいぶりであったと伝えられる（『享和後祢記』『近世見聞集抄』ほか）。

墓石を削って飲めば、勇気がわいて、勝負事に強くなるともいわれ、たくさんの人が削り取ったため、墓石はすっかり丸くなってしまった。重成とどのように関係するのかは不明であるが、墓前の松の葉を布団の下に敷いて眠れば、寝小便が治るとも信仰された。

第二寝屋川を渡った東大阪市若江南町には、重成の菩提寺蓮城寺《れんじょうじ》があり、近くには重成本陣跡もある。

（新稿）

小田原北条氏の末裔

江戸時代は河内国狭山で大名に

天正十五年（一五八七）五月、秀吉は九州を平定し、天下統一まで、残すは関東・奥羽《おうう》のみとなった。

関東には、早雲《そううん》以来、五代にわたって北条氏（後北条氏）が覇を唱えていた。ときの当主は五代目の北条氏直であったが、実権はいまだ父である氏政の掌中にあった。

秀吉は九州出兵以前から、北条氏政・氏直父子に臣従を求めたが、北条はこれを聞き入れず、秀吉は徳川家康に説得を命じた。徳川と北条とは、天正十年以来、同盟関係にあり、家康の次女督姫《とくひめ》が氏直に嫁いでいた。家康は、天正十六年五月二十一日付の氏政・氏直父子に宛てた起請文《きしょうもん》で、今月中に「兄弟衆」を上洛させ秀吉に礼を述べることを要求し、それを承知しないのであれば、督姫を家康のもとへ戻せと申し入れた。

八月二十二日、氏政の弟で、伊豆・韮山《にらやま》城主であった北条氏規《うじのり》がようやく上洛を果たす。氏規は、氏政上洛の条件として、真田昌幸との間で係争地となっている上野《こうづけ》国沼田領問題の解決を求めた。

秀吉は双方の言い分を聞いた上で、沼田城（群馬県沼田市）を含む沼田領の三分の二を北条分とし、名胡桃城《なぐるみ》（群馬県みなかみ町）を含む三分の一を真田分とする裁定を下した。北条側は、氏政の弟で、武蔵・鉢形《はちがた》城主であった北条氏邦《うじくに》の家臣猪俣邦憲《いのまたくにのり》を沼田城代として置いた。

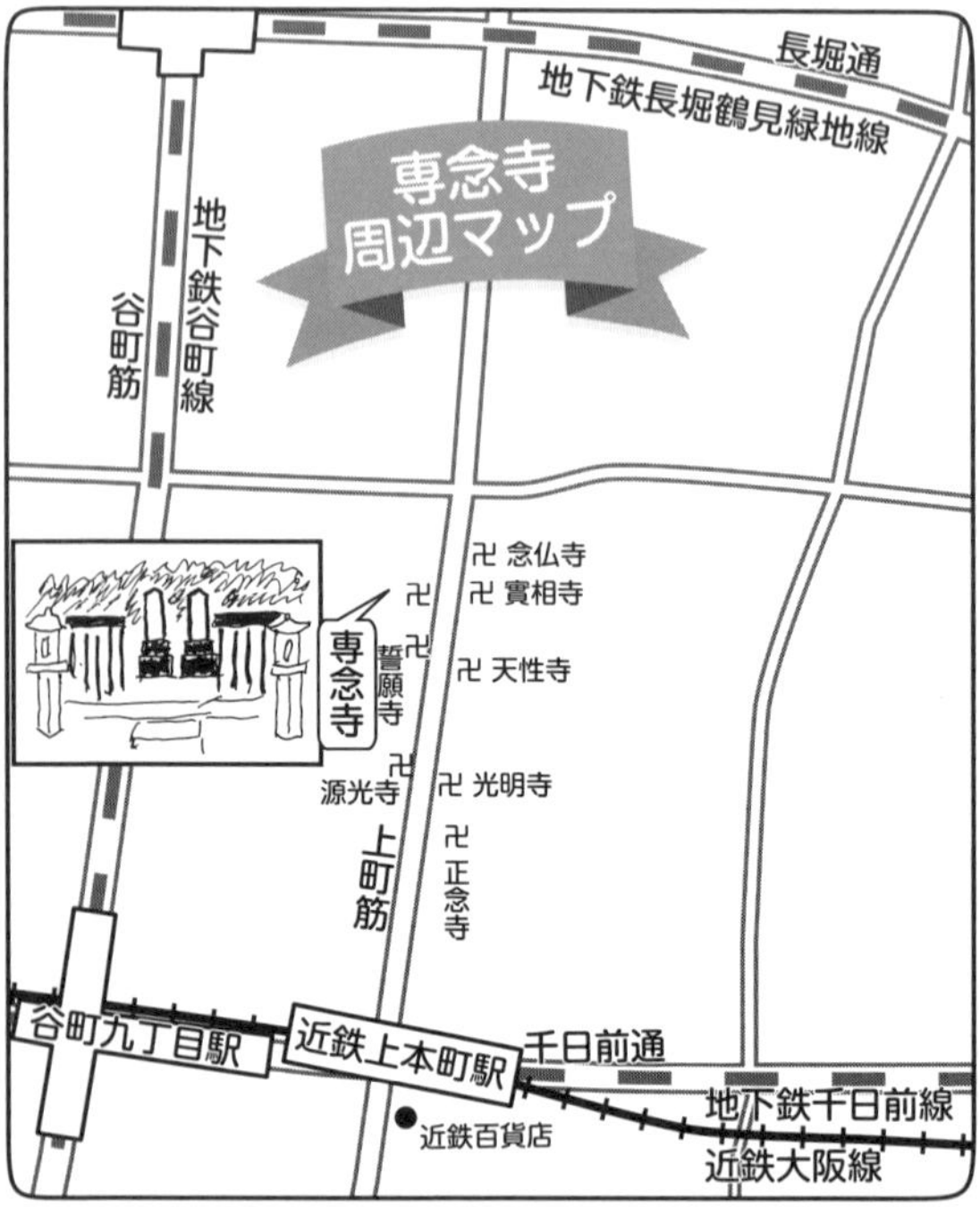

ところが、その猪俣邦憲が、天正十七年十月二十三日、突如として名胡桃城を襲い、これを奪取する。すぐさま真田昌幸が事態を報告すると、秀吉は激怒。同年十一月二十四日付で、五ヶ条から成る長大な宣戦布告状を北条に送り付け、諸大名に北条攻めの準備を命じた。先鋒は徳川家康が命ぜられ、秀吉自身は翌天正十八年三月一日に京都を出陣し、小田原へと向かった。秀吉の軍勢は二十二万

にも膨れ上がった。

　北条側は、箱根峠の西に位置する山中城（静岡県三島市）で秀吉軍の侵攻を食い止めるつもりであったが、堅城として知られた山中城は、三月二十九日、わずか半日で陥落した。氏政の弟たちが守る鉢形城、八王子城、韮山城も次々と落城。七月五日、ついに北条氏直は小田原城を出て徳川家康本陣に赴き、投降した。氏政は七月十一日に切腹。家康の娘婿であった氏直は助命され、同じく氏規も、家康とは今川家で人質時代をともに過ごした幼なじみであったため助命され、二人は高野山へ配流となった。

専念寺境内の北条氏規（右）と氏盛の墓

　ここに北条氏は「滅亡」したとされるが、実際には、早くも翌天正十九年二月七日に氏直は赦免され、関東で九千石、近江で千石を与えられた。同年八月九日には氏規にも、河内国丹南郡檗《へき》村（日置荘《ひきのしょう》）で二千石を賜った。ところが氏直は疱瘡《ほうそう》を患い、同年十一月四日に病没する。氏規の長男氏盛《うじもり》が氏直の養子になっていたため、氏直遺領の内、下野《しもつけ》国足利領四千石が氏盛に与えられた。文禄三年（一五九四）十二月二日、氏規に対し、河内国丹南郡・錦部《にしきべ》郡・河内郡で加増がなされ、所領は六九八八石余となる。慶長五年（一六〇〇）に氏規が亡くなると、氏盛が六九八八石余を相続し、従来の四千石と併せて一万一千石の大名となり、狭山藩が成立した。狭山藩の陣屋は狭山池北東の位置に営まれ、現在はかつての上屋敷の一画（大阪狭山市狭山四丁目）に「狭山藩陣屋跡」の石碑と解説板が建てられている。堺市堺区神明町東の浄土真宗本願寺派（西本願寺）堺別院の御成《おなり》門は、かつての狭山陣屋の大手門を移築したものである。

陣屋には上屋敷とは別に、南側の狭山池沿いに下屋敷も設けられた。この下屋敷跡には、昭和十三年、狭山池遊園が開設され、平成十二年四月一日の閉園まで、「さやま遊園」の名で多くの人々に親しまれた。

狭山藩主北条氏は小田原五代の顕彰にも努め、現在神奈川県箱根町の早雲寺にある早雲・氏綱・氏康・氏政・氏直の墓は四代藩主氏治《うじはる》が寛文十二年（一六七二）に建てたものである。九代藩主氏喬《うじたか》は享和三年（一八〇三）に早雲寺伝来の五代の肖像画を写し、狭山藩主北条氏の菩提寺である法雲寺（堺市美原区今井）に奉納した。

大阪市中央区上本町西の専念寺には、狭山藩の藩祖北条氏規と初代藩主氏盛の墓碑が並んで立っている。

（新稿）

徳川家康ゆかりの地と東照宮

「佃煮」発祥の東京・佃島のルーツ

江戸時代の大坂には、天満・川崎の地に徳川家康を祀る東照宮が鎮座した。この川崎東照宮が、大坂における「幕府の東照宮」であったが、大坂近郊にはほかに、四天王寺や堺の南宗寺《なんしゅうじ》、平野の大念仏寺でも境内に東照宮が祀られた。

そして、大阪市北区豊崎の豊崎神社には今も境内に東照宮が祀られる。

この東照宮はもともと西成郡本庄村の庄屋足立家の屋敷内で祀られていたもので、明治十一年（一八七八）、同家が衰微したため、豊崎神社東南の地に遷座し、同四十年、同宮の末社になった。足立家には、慶長十九年（一六一四）大坂冬の陣の折に徳川家康が立ち寄って休息したといい、その由緒から、安永五年（一七七六）に同家屋敷内に東照宮が勧《かん》請《じょう》されたと伝えられる。

大坂夏の陣の際には、慶長二十年五月五日に京都・二条城を進発した家康が、河内・星田村（交野市）で泊まっている。このとき家康本陣とされたのが同所の庄屋であった平井家で、家康が宿泊した場所は、江戸時代には「権現様御宿陣《ごんげんさまごしゅくじん》御殿跡《ごてんあと》」として大切に保存され、

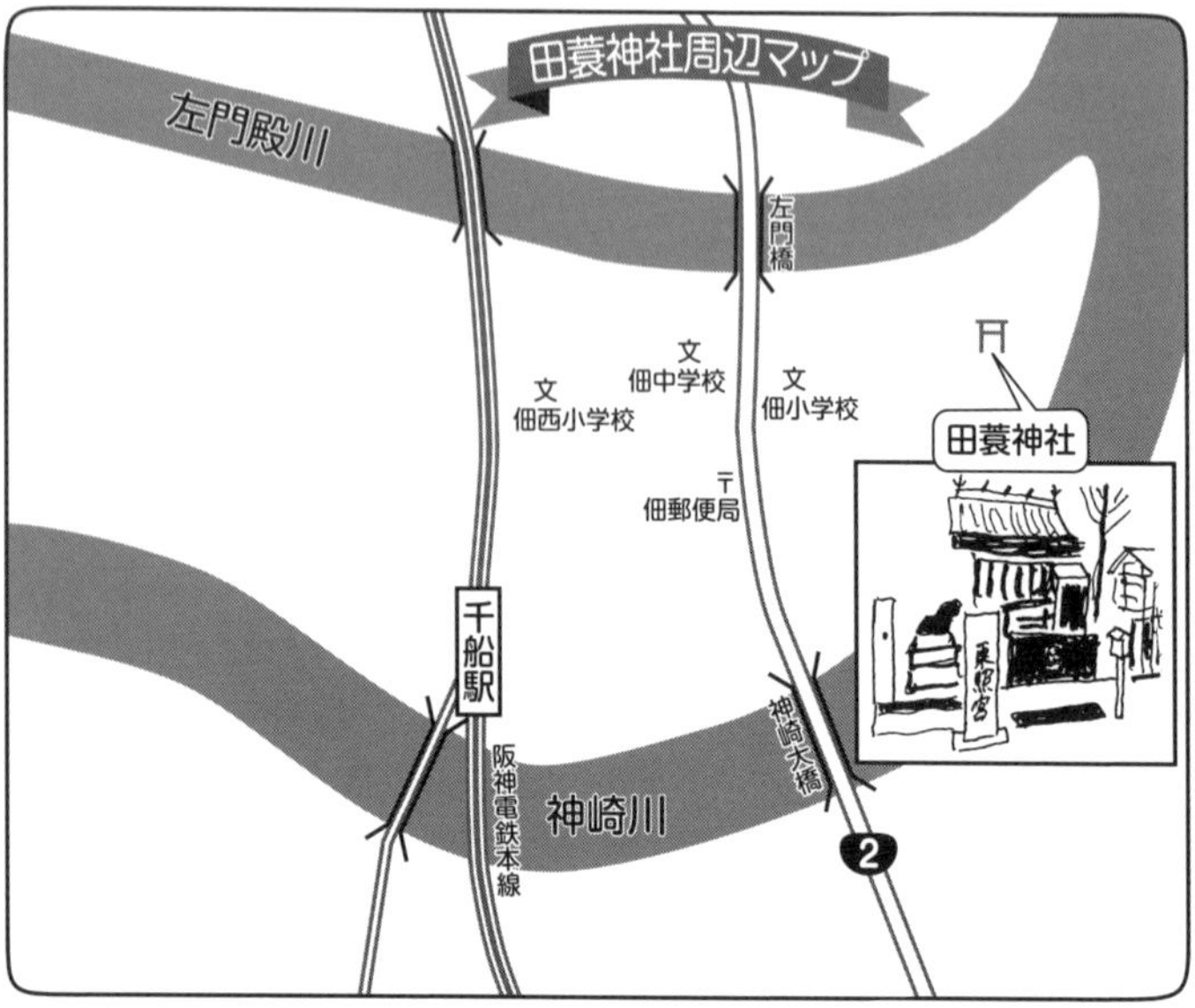

毎年四月十七日に東照宮の祭礼が執り行われた（「権現様御由緒書」）。現存する「神祖営趾之碑《しんそえいしのひ》」（交野市指定文化財）はこの一画に建てられていたものである。

慶長二十年五月六日、家康は豊浦村（東大阪市）で宿泊する。このとき陣所とされたのは同所の庄屋中村家で、現在はかつての同家屋敷の一画に家康陣所となった由緒を記す「恩蹕遺趾碑《おんひついしひ》」が再建され、「権現塚」の石碑が建つ。中村家では代々徳川家康画像を祀ってきたといい、文政六年（一八二三）にそれを写した画像が現存する。

こうしたことからすると、星田村の平井家、豊浦村の中村家でも、家康が宿泊した由緒から、東照宮を祀っていたと考えて間違いない。

ところで、大阪市西淀川区佃《つくだ》の田蓑《たみの》神社境内にも東照宮が祀られる。寛政十年（一七九八）刊行の『摂津名所図会《せっつめいしょずえ》』によると、慶長年中（一五九六～一六一五）に佃村・大和田村の漁民が徳川家康に鮮魚を献じたのが縁で、神崎川筋、大坂市中の堀川、および西国海上での「御隠密《おんみつ》御用」などを承り、徳川家康が関東入国の際にはお供をして江戸に下り、鉄砲洲《てっぽうず》干潟《ひがた》を築き立てて拝領し、故郷の地名をとって「佃島」と名付けたという。田蓑神社の神霊を勧請して住吉神社の名で祀り、同社の神主平岡家は、田蓑神社神主平岡家の分家であると記す。

田蓑神社境内の東照宮

しかし、家康の関東入国は天正十八年（一五九〇）であるから、これでは辻褄が合わない。大正四年（一九一五）刊行の『西成郡史』では、家康との関係を、慶長年中に家康が多田廟《びょう》（多田神社）に参詣した際、佃村の漁船で神崎川を渡したことがきっかけであるとする。それを機に播州明石・網干《あぼし》・室津《むろつ》などでの「海上隠密方」を命ぜられ、併せて献魚の役も務めたので、慶長十八年八月十日付で「海上漁魚御免」の証文を賜り、以来毎年十一月から翌年三月まで、佃村漁民は江戸表に詰め切りで献魚の役を務めた。けれども、毎年佃村と江戸とを往復するのも煩雑なので、寛永七年（一六三〇）に江戸・鉄砲洲町の干潟百間四方の地を賜り、造成が無事完成した正保元年（一六四四）二月に佃村漁民の内、十七軒が同所に移住し、故郷佃村に因んで「佃島」と名付けたという。

そして、大正十一年刊行の『大阪府全志』は、大坂の陣の際、窮地に陥った家康が佃村に逃れて来たので、佃村と大和田村の漁民が十二艘の船を仕立てて、家康を堺まで無事送り届けたというエピソードを加えている。

このように徳川家康と佃村の関係はさまざまに語られてきた。近年は家康が多田廟に参詣したのは「天正年中（一五七三～九二）」とする説、佃村の漁民が家康の窮地を救ったのは天正十年（一五八二）の本能寺の変の際であるとする説が盛んに行われている。

いずれにせよ、佃村の漁民が幕府から賜った江戸の佃島に移住したのは事実で、「佃煮」はこの佃島から生まれた。

田蓑神社の東照宮は佃村と江戸の佃島（東京都中央区）とのかかわりを今に伝えるもので、田蓑神社境内には「佃漁民ゆかりの地」の石碑も立つ（大阪市顕彰史跡）。

（新稿）

真田丸と後藤又兵衛

出丸築造めぐり幸村・又兵衛対立？

慶長十九年（一六一四）十月一日、徳川家康は諸大名に大坂攻めを命じた。大坂冬の陣の始まりである。

家康の側近が記録した『駿府記』には、駿府城を出発し、大坂へと向かう家康のもとに、連日、京都所司代の板倉勝重が大坂城の様子を飛脚で報せてくる様子が記されている。それによると、十月六日、七日に長宗我部盛親《ちょうそかべもりちか》・後藤又兵衛（基次）・仙石宗也《せんごくそうや》（秀範）・明石全登《あかしぜんと》・松浦弥左衛門らが大坂城に入城したという情報を、家康は十月十二日に掛川城で受け取っている。二日後の十月十四日に、家康は浜松城まで進み、ここで真田幸村（信繁）・若原良長《よしなが》・浅井井頼《いより》（政堅）・根来《ねごろ》衆らが大坂城に入ったとの情報を得た。

このように大坂城には、豊臣秀頼の招きに応じて続々と浪人衆が入城を果たした。関ヶ原合戦以前は土佐一国の太守であった長宗我部盛親。信州上田城主であった真田昌幸の子幸村。豊前小倉城主であった毛利吉成の子勝永（吉政）。信州小諸《こもろ》城主仙石秀久の子宗也。信州松本城主であった石川数正の子康勝。豊臣政権五奉行の一人であった増田《ました》長盛《ながもり》の子盛

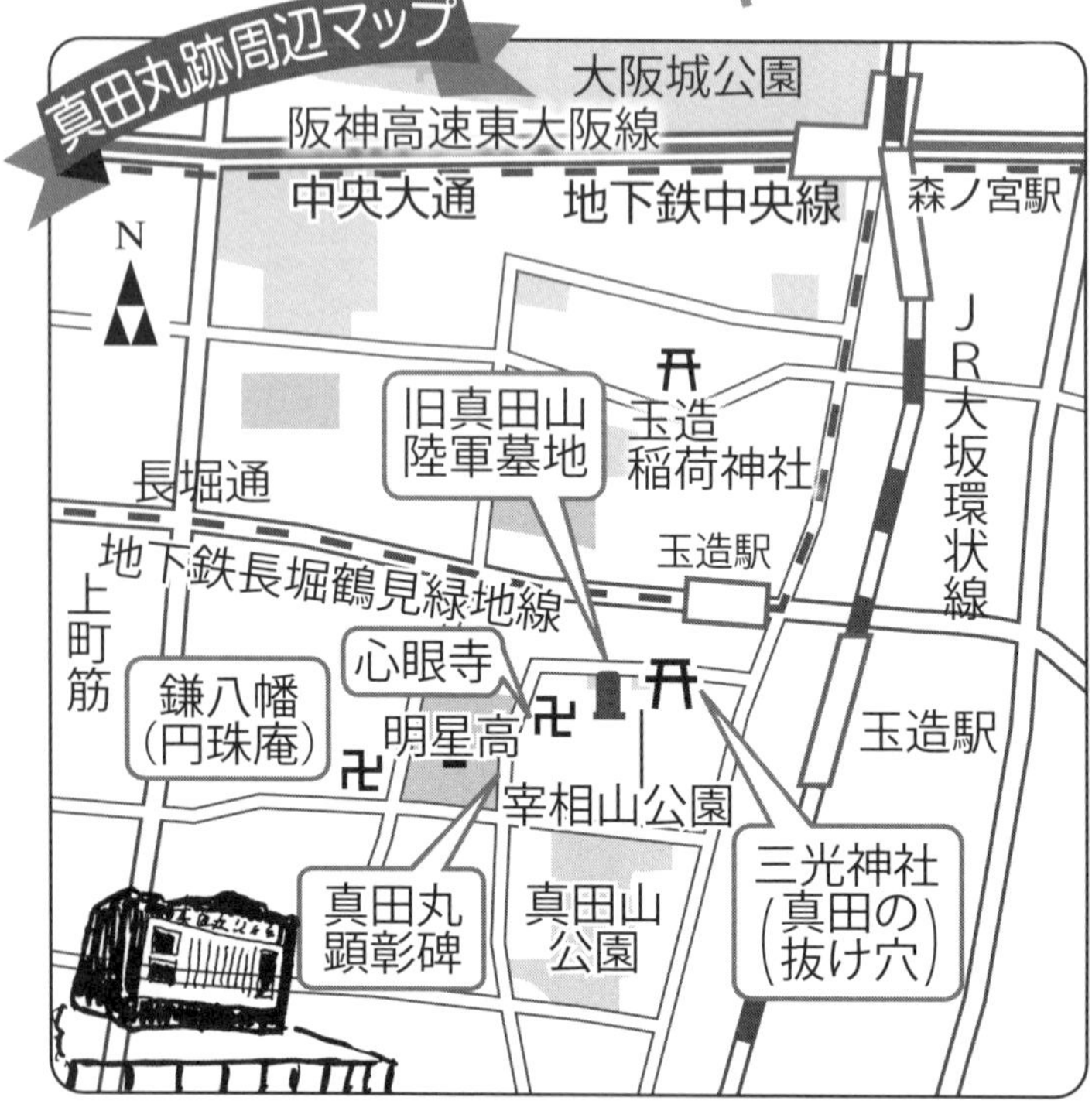

次。越前敦賀城主であった大谷吉継の子吉治。豊前小倉城主細川忠興の子興秋。紀州新宮城主であった堀内氏善《ほりのうちうじよし》の子氏久。淀殿の弟浅井井頼。織田有楽《うらく》の子頼長。豊臣政権五大老の一人であった宇喜多《うきた》秀家《ひでいえ》の家老明石全登。筑前福岡城主黒田長政の家老であった後藤又兵衛。……現役の大名こそいなかったが、錚々《そうそう》たるメンバーが大坂城に揃った。中でも長宗我部盛親・真田幸村・毛利勝永は「三人衆」と呼ばれて特別扱いされ、外様の浪人衆であるにもかかわ

らず、豊臣家の意思決定の場である軍議に参加を許された。

『落穂集《おちぼしゅう》』は兵法家の大道寺友山《だいどうじゆうざん》がまとめた見聞記で、享保十三年（一七二八）に成立したものであるが、その中に次のような話が紹介されている。

秀吉が築いた大坂城は難攻不落、天下無双の名城で、西に海が迫り、北には淀川・大和川が流れ合い、東には幾筋にも分かれて大和川が流れ広大な低湿地を形成しており、天然の要害となっていた。ただ、南側だけは天王寺・住吉・堺へと平坦な陸地が続いており、大軍が攻めて来るなら、この南側しか考えられなかった。こうした弱点を克服すべく、後藤又兵衛が、大坂城の南東、惣堀《そうぼり》の外側に小さな丘陵があるのに目を付け、ここに新たな砦を築こうとした。縄張《なわば》りをし、建築用に材木まで集め置いたが、突然、真田幸村がやって来て、あっという間に砦を築いてしまった。後藤又兵衛は激怒して、「縄張をし、材木まで用意してあるのに、何の挨拶も、申し入れもないまま、縄張りを捨て去り、用木を外に運び出して、砦を

平成 28 年（2016）2 月に建てられた「真田丸顕彰碑」

築くとはいったいいかなる振舞いか。決して許しはせぬ。今から軍勢を集め、明日には真田からあの場所を取り返してみせる」と息巻いた。豊臣秀頼のもとで大坂城を取り仕切っていた大野治長《おおのはるなが》は、懸命に又兵衛を宥《なだ》め、主君秀頼の了解を取り付けた上で、今後は又兵衛を「三人衆」と同格に引き上げることを約束した。又兵衛がそれで納得したので、又兵衛同様、豊臣家から見れば大名の家臣で、陪臣に過ぎない明石全登も引き上げ、これ以降は長宗我部盛親・真田幸村・毛利勝永・後藤又兵衛・明石全登が「五人衆」と呼ばれ、軍議への参加を許されることになったというのである。

有名な「真田丸」は当初、後藤又兵衛が築こうとしていたという話で、たいへん興味深い内容ではあるが、何しろ『落穂集』の成立が大坂の陣から一一〇年以上のちであるから、これをそのまま史実と認めてよいか、躊躇《ちゅうちょ》せざるを得ない。

ところが、『大坂御陣覚書』にも次のような記述がある。大坂城の巽《たつみ》（南東）の出丸には当初後藤又兵衛が入っていたが、又兵衛は豊臣秀頼から諸方面の遊軍を仰せ付かったため、出丸を出て、代りに真田幸村が入った。そして、この出丸の攻防戦で、真田幸村が徳川の大軍相手に圧勝し、勇名を馳せたので、敵味方ともに、この出丸を「真田丸」と呼ぶようになった、というのである。

どうやら後藤又兵衛は深く「真田丸」にかかわったらしい。

（新稿）

真田幸村の九度山脱出ルート

紀見峠？ それとも……

慶長五年（一六〇〇）の関ヶ原合戦で石田三成方の西軍に与《くみ》した真田昌幸と次男幸村（信繁）は、敗軍の将となったが、徳川方東軍に属した長男信之（信幸）の嘆願が実り、助命され、高野山に配流となる。しばらくして昌幸と幸村は麓《ふもと》の九度山《くどやま》に居を移すが、和歌山城主浅野家と高野山（金剛峯寺）の厳重な監視下に置かれた。慶長十六年六月四日、父昌幸が亡くなる。そして、慶長十九年十月一日に、徳川家康が諸大名に大坂攻めを命じて、大坂冬の陣が勃発する。

幸村の監視はそれまで以上に厳しくなったと考えられるが、その監視の目をかいくぐって、幸村は九度山を脱出し、大坂城に入城を果たす。

徳川幕府の正史である『徳川実紀』は、その方法を次のように記す。

ある日、幸村は九度山ならびに周辺諸村の人々数百人を真田屋敷に招いて、大宴会を開いた。いくらでも飲め、好きなだけ食べよ、と幸村に勧められて、思う存分飲み食いした結果、村人たちは全員泥酔してしまった。その隙に、幸村は彼らの乗って来た馬や駕籠を奪い、まんまと九度山脱出に成功したというのである。しかし、実際に数百人が全員酔っ払い、意識を失うというようなことがあり得るだろうか。

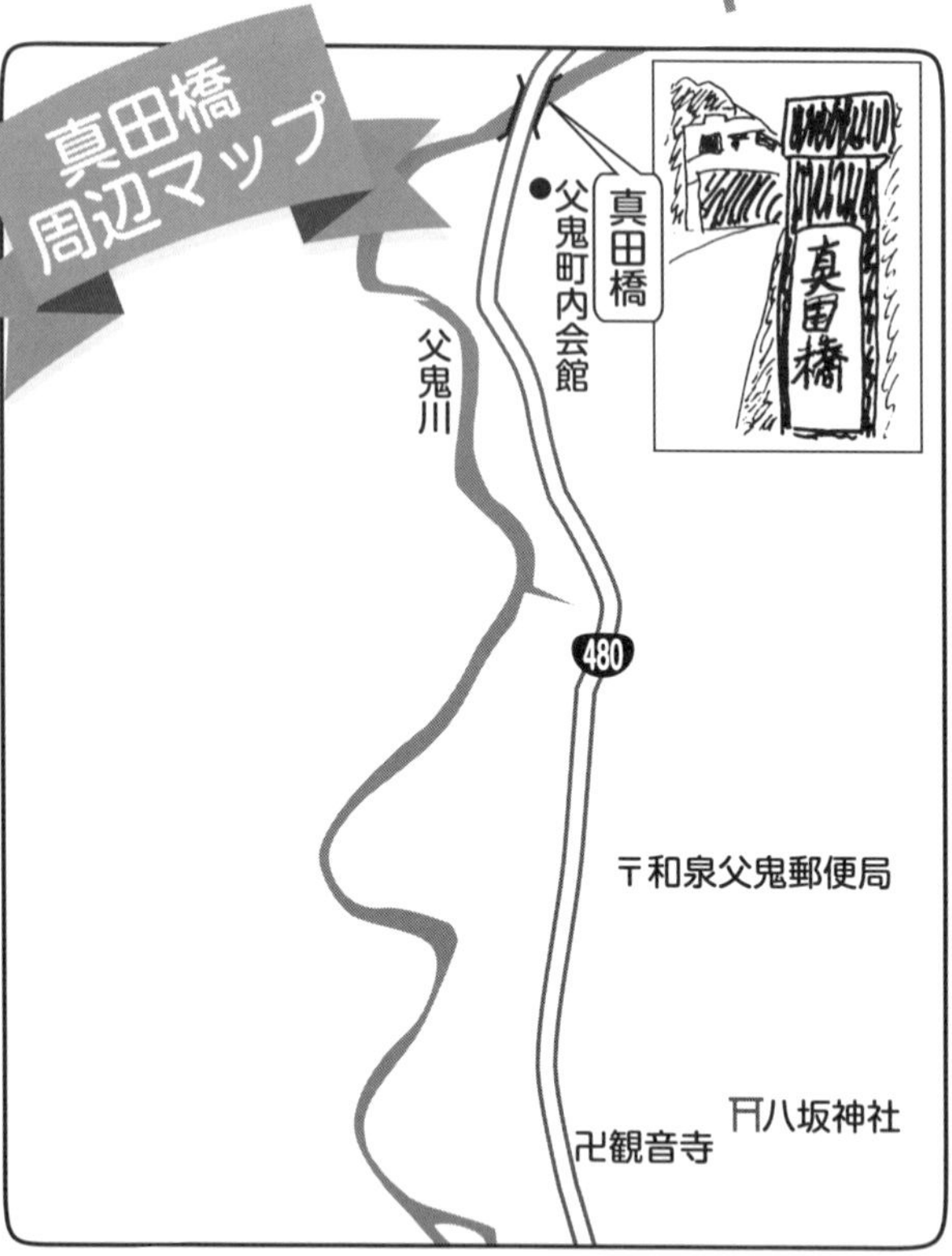

信之の子孫は江戸時代、信州松代《まつしろ》藩主となるが、その松代藩真田家が編纂した正史『先公《せんこう》実録《じつろく》』には、こんな話が収められている。

幸村脱出の報せを受け、浅野家家臣が真田屋敷に駆けつけた。村人たちに「いったい幸村たちはいつここを出たのか」と尋ねると、「もう三日も前のことです」との答が返って来たので、「三日前であれば、これから追いかけても仕方がない」と家臣たちは追跡を断念した。けれどもほんとうは、幸村一行の脱出は三刻（六時間）前に過ぎず、村人たちは嘘をついて幸村一行の脱出を助けたというのである。

十四年間の蟄居生活で、幸村と九度山の人々との間にこうした信頼関係が構築されていたのなら、先の『徳川実紀』の話も再考の余地がある。村人たちは、全員泥酔したふりをして、幸村一行の脱出を助けたのかもしれない。酔い潰れて、意識を失っている間に幸村一行が脱出してしまったということにすれば、村人たちも責任を問われず、幸村一行を無事脱出させることができるからである。

和泉市父鬼の「真田橋」

それはともかく、幸村の九度山からの脱出ルートについて、『徳川実紀』は、九度山から「紀伊川を渡り、橋本・木目《きのめ》峠をへて、河内路へかかり大坂へはせのぼる」と記す。「紀伊川」は「紀ノ川」、「木目峠」は「紀見《きみ》峠」であるから、これによると、幸村一行は高野街道を通って、和歌山県橋本市から河内長野市に入ったことになる。高野街道は河内長野市長野町で東高野街道と西高野街道に分かれ、西高野街道は河内長野市楠町で中高野街道を分岐する。さらに中高野街道は大坂狭山市狭山で下高野街道を分岐する。高野街道はこのように、四ルートに分かれるのであるが、『徳川実紀』にはただ「河内路」とあるばかりで、どのルートをとったのか判然としない。ところが『真《しん》武《ぶ》内《ない》伝《でん》追《つい》加《か》』には、九度山を脱出した幸村一行は、「其日の暮方、河州小山の宿に旅宿し、翌日大坂城にぞ着しける」、「幸村公は河州小山の宿に旅宿し、翌日巳の刻ばかりに着城す」とある。「河州小山」は現在の藤井寺市小山であるから、この『真武内伝追加』の記述が正しければ、幸村一行は河内長野から東高野街道を進み、古市（羽曳野市）で古市街道に入り、小山、平野郷（大阪市平野区）を経て大坂城に入ったことになる。

しかし、幸村一行が果たして高野街道のような人目に付きやすい幹線道路を通行したのかという疑問も残る。九度山から紀ノ川を船で下り、岩出（和歌山県岩出市）で上陸し、風吹峠を越えて泉南市に入ったとする説や、和歌山県かつらぎ町から蔵王峠を越えて河内長野市に入ったとする主張もある。またかつらぎ町から鍋谷峠を越えた和泉市父鬼《ちちおに》には、ここで幸村一行が父鬼川を渡河したと伝承される地点があり、現在はそこに「真田橋」が架かっている。

果たして幸村はどの峠を越えて大坂城に入ったのであろうか。

（新稿）

あとがき

本書は、産経新聞の大阪府内版に平成二十三年六月十一日から平成二十七年十二月五日まで、毎月一回連載した「大阪城　不思議の城」に、新稿七編を加えて一書としたものである。

産経新聞大阪本社「ウェーブ産経」推進本部企画委員（当時、以下同じ）の西矢隆史さんが、大阪ガス・エネルギー文化研究所の栗本智代さんからのご紹介で、大阪城天守閣に私を訪ねて来られたのは、平成二十一年九月四日のことであった。大阪商工会議所が主催する「大阪検定」の連携事業として講演会を開催したいので、講師を引き受けて欲しいとの依頼であった。「大阪検定」は大阪府・市も共催しているので承諾し、同年十一月十八日を皮切りに産経新聞大阪本社「ウェーブ産経」推進本部主催の大阪検定連携事業「五感で味わおう！大阪まち歩きまち遊び」で何度か講師を務めさせていただいたが、平成二十三年五月十七日にその西矢さんが、産経新聞大阪本社「ウェーブ産経」推進本部事務局長の三宅統一さん、産経新聞大阪本社編集局大阪総局総局長の松田則章さん、産経新聞大阪本社総合企画室室次長の大野主税さんを連れて来られた。用件は、産経新聞紙上で大阪城に関する連載をお願いしたいということであった。産経新聞では、平成十五年八月一日から翌年七月十六日まで、「おおさか図像学　近世の庶民生活」と題し、毎週一回連載したことがあったが（平成十七年八月に東方出版から刊行）、そのときに比べても相当忙しくなっていたので、以前のように毎週は無理、月一回程度なら、ということでお引き受けすることとした。内容は、まもなく平成二十六年に大坂冬の陣から四〇〇年、平成二十七年には大坂夏の陣から四〇〇年を迎えるので、大坂城だけでなく、大坂の陣に関することも含め、しかも史実だけではなく、伝説・伝承の類も紹介するということに決まった。連載期間は大坂夏の陣四〇〇年の平成二十七年末までということも併せて決まり、大野主税さんにご担当いただくことになった。「大阪城　不思議の城」というタイトルも大野さんが考えてくださった。

こうして翌六月十一日から連載がスタートし、人事異動などの理由で、担当は大野さんのあと、産経新聞大阪本社編集局大阪総局次長の小林宏之さん、産経新聞大阪本社編集局大阪総局次長の山口淳也さん、産経新聞大阪本社編集局大阪総局次長の土塚英樹さん、産経新聞大阪本社総合企画室次長の若狭弘さんと受け継がれ、西矢さん、そして産経新聞大阪本社総合企画室企画委員の中里昭博さん、産経新聞大阪本社「ウェーブ産経」推進本部事務局長の深堀明彦さん、産経新聞大阪本社編集局大阪総局総局長の丸橋茂幸さん、産経新聞大阪本社営業局企画開発部企画委員の吉田星彦さんにもたいへんお世話になり、何とか無事に四年半という長期連載を全うすることができた。

この連載と連動する形で、平成二十四年三月八日からは産経新聞大阪本社「ウェーブ産経」推進本部主催で「大坂の陣を訪ねる～歴史の舞台の現場検証～」もスタートし、平成二十六年九月三日まで都合十一回の開催となった。このシリーズでは毎回道明寺古戦場、樫井古戦場、八尾古戦場など、大坂の陣の舞台を訪ね、午前中に講演を行い、午後にその現場を案内して歩いた。毎回新たなテーマの講演と歴史ウォークの資料を作らねばならず、準備作業は綱渡りの連続で、たいへんしんどい思いをしたが、その過程であらためて史料を読み直し、今まで気づかなかった事実を発見することも多く、研究者としてまことに有意義な機会を得たと思っている。そうした講演やウォークの際にお話しした内容も逐次連載に反映させたので、新たにわかった事実をこの連載で公表することも多く、私にとってたいへん刺激のある仕事であった。

「大坂の陣を訪ねる～歴史の舞台の現場検証～」は毎回定員を上回る参加者で大賑わいとなったが、それとは別に、平成二十三年十二月五日に産経新聞大阪本社「ウェーブ産経」推進本部主催で開催いただいた大阪城天守閣復興八十周年記念トーク&ミュージックフォーラム「真田幸村と大坂の陣」をきっかけに「真田フォーラム」が生まれ、たいへん人気を博することとなった。現在も継続して開催中であり、和歌山県九度山町、長野県上田市、群馬県みなかみ町など、大阪以外の遠隔地でも開催いただいた。

この「真田フォーラム」は私と講談師の旭堂南陵師匠、そして元ＯＳＫ日本歌劇団トップスターの桜花昇ぼるさんの三人をレギュラーメンバーに、そのときどき芸能人・文化人・研究者をゲストに迎えて開催いただいている。桜花さんは、私の企画・監修で平成十九年八月七日初演のミュージカル「真田幸村〜夢・燃ゆる〜」において主役の真田幸村を演じて以来、「ＹＵＫＩＭＵＲＡ—我が心　炎の如く—」「大阪城パラディオン—将星☆真田幸村—」「永遠のカンパニージャー—鬼小十郎と真田幸村—」（いずれも筆者監修）など、現在まで九年間にわたり一貫して真田幸村を演じ続け、それらの作品の主題歌・挿入歌が桜花さんの持ち歌となっている。

「真田フォーラム」では毎回、「大坂夏の陣で徳川家康は死んだのか？」「大坂夏の陣後も豊臣秀頼や真田幸村は生きていたのか？」といったテーマを設定し、私が講演、南陵師匠が講談を行い、そののち桜花さんの歌を交えながら、私と南陵師匠が歴史的事実について、おもしろおかしくトークバトルを繰り広げる。私と南陵師匠のトークバトルは事前に何の打ち合わせもなく、相手の講演や講談の内容も知らないまま本番を迎えるので、まさに出たとこ勝負なのであるが、回を重ねるごとにどんどん息が合い、阿吽の呼吸でトークを展開できるようになった。今では南陵師匠の「南」と私北川の「北」をとって大阪名物「南北戦争」と呼ばれ、新聞紙上にさえこの「南北戦争」という名称が載るまでになり、多くのファンを獲得した。普段は歴史の講演や講談などを聞く機会のない方々がたくさん来てくださり、歴史や講談という伝統芸能の魅力を広く知っていただく絶好の機会になったと思っている。

大坂の陣四〇〇年を迎えるにあたり、平成二十五年八月に、大阪府・市をはじめ、大阪観光局、関西・大阪21世紀協会、大阪市博物館協会、歴史街道推進協議会などの公益法人、在阪の新聞社・テレビ局・ラジオ局、鉄道事業者などで「大坂の陣四〇〇年プロジェクト実行委員会」が組織された。産経新聞大阪本社もそのメンバーとなり、「大坂の陣を訪ねる～歴史の舞台の現場検証～」や「真田フォーラム」は、このプロジェクトの参加事業として開催いただいた。「大阪城　不思議の城」の連載と連動する形でこれらを継続開催いただいたことで、大阪城の歴史や大坂の陣に対する関心が飛躍的に高まり、それが大坂の陣四〇〇年の盛り上がりの原動力となったことは間違いない。お蔭で大阪城天守閣は平成二十七年度の入館者数が二三三万七八一三人に達した。大阪築城四〇〇年まつりが行われた昭和五十八年度に二一二万四七九〇人を記録し、二度と超えることはないといわれてきたのであるが、これを上回り、三十二年ぶりに最高記録を更新することができた。平成二十六年度が一八三万八三五四人で、例年のアベレージが一二〇～一三〇万人であったから、大坂冬の陣四〇〇年で五十万人、大坂夏の陣四〇〇年でさらに五十万人を積み上げたことになる。

連載当初から、終了後は一書にまとめたいと考えていたが、大阪に生まれ育ち、大阪をこよなく愛する者として、刊行は何としてでも大阪の出版社からと思っていた。今回出版いただいた新風書房は、大阪の郷土雑誌『大阪春秋』を粘り強く刊行し（今年九月の時点で一六三号）、大阪の歴史・文化に深い理解を示す出版社である。同社の福山琢磨社長とは、同社から『伊賀天正の乱』『戦国女人伝』などを刊行しておられる歴史作家の横山高治先生のご紹介で知り合い、お付き合いは既に二十年の長きにわたる。平成十八年十一月八日には『大阪春秋』主催の講演会で「寺町—その歴史と役割」と題して講演を行い、同社から平成二十三年に刊行された『ちょっといい話』第十集にも「尼になった豊臣秀頼の娘」「豊臣秀頼の息子たち」の拙文二編を収載いただいた。

福山社長は、「大阪城　不思議の城」連載中に、何度も「毎回楽しく読ませていただいております」とお声掛けくださり、励ましていただいたので、出版は新風書房にお願いすることとした。福山社長にご相談させていただいたところ、即決でご快諾いただいた。出版にあたっては、産経新聞大阪本社にも快くご了解いただき、産経新聞大阪本社営業局企画開発部企画委員の吉田星彦さんにたいへんお世話になった。

本書の各項は連載した順になっている。そのため関連するテーマがあちこちバラバラになっているが、毎回読み切りの形なので、ご了解願いたい。

各項に掲載した写真はほとんどが私の撮ったものであるが、大阪城をライフワークにされている写真家の登野城弘さんから三点、野田藤を代々守り伝えて来られた藤家ご当主の藤三郎さんから一点をご提供いただいた。ここに記して謝意を表する。

本書をまとめるにあたって、新稿七編を加えたが、それでも連載時に候補として列挙したテーマの内、まだ四十以上が残っている。これらについては、また何かの機会に書いてみたい。

本書の刊行により、産経新聞の読者以外の方に広く読んでいただけるのではないかと期待している。そして、大阪城や大坂の陣に対する理解がよりいっそう広がり、深まるのならば、著者としてこれほどうれしいことはない。

最後に、本書収載の拙文を執筆するにあたっては、多くの文献を参考とさせていただいたが、新聞への連載という体裁から、残念ながら一々書名を挙げることができなかった。著者の方々にはこの場を借りて、ご寛恕を乞いたい。

北川　央

【著者略歴】

北川　央（きたがわ・ひろし）

1961年大阪府生まれ。神戸大学大学院文学研究科修了。1987年に大阪城天守閣学芸員となり、主任学芸員・研究主幹などを経て、2014年より館長。この間、東京国立文化財研究所・国際日本文化研究センター・国立歴史民俗博物館・国立劇場・神戸大学・関西大学など、多くの大学・博物館・研究機関で委員・研究員・講師を歴任。織豊期政治史ならびに近世庶民信仰史、大阪地域史専攻。著書に『大阪城ふしぎ発見ウォーク』（フォーラム・A）、『神と旅する太夫さん』（岩田書院）、『おおさか図像学』（東方出版、編著）、『大和川付替えと流域環境の変遷』（古今書院、共編著）、『肖像画を読む』（角川書店、共著）、『シリーズ近世の身分的周縁2　芸能・文化の世界』（吉川弘文館、共著）、『戦国の女性たち』（河出書房新社、共著）、『漂泊の芸能者』（岩田書院、共著）、『大坂・近畿の城と町』（和泉書院、共著）、『近世民衆宗教と旅』（法蔵館、共著）、『浅井三姉妹の真実』（新人物往来社、共著）、『秀吉の虚像と実像』（笠間書院、共著）など多数。

大坂城と大坂の陣

——その史実・伝承

発行日　平成二十八年十月十五日（初版）ⓒ

著者　北川　央

発行所　㈱新風書房
543-0021　大阪市天王寺区東高津町5—17
TEL　06—6768—4600
FAX　06—6768—4354

印刷所　㈱新聞印刷出版事業部

40年の歴史をもつ、大阪人必読の１冊！

好評発売中！

大阪春秋 第164号

特集："なんかおもろい" まち 東淀川

東淀川は17万5千人が暮らす、ベッドタウンです。どこにでもあるような大阪の下町ですが、じっくり探すといろんな宝物が埋まっています。聖徳太子や菅原道真ゆかりの地名。戦乱と祈りの歴史を残す神社仏閣や石碑。川の氾濫を克服した伝承話。街道や鉄道や橋にまつわる物語。戦争の傷跡。２つの大学と魅力ある企業が立地し、社会的企業が立ち上がっています。淀川の大きな自然があり、交通の便がよく、生活に必要なものがひととおり手に入る便利なまちなので、転入してくる人が多いのですが、転出者も多く、毎年人口の１万人以上が入れ替わる、新陳代謝の激しいまちです。区内では鉄道や道路などの都市基盤の整備が大規模に進められており、10年後にはまちの様相は大きく変わります。歴史があって、にぎわいがあって、変化があって、磨けば光るダイヤモンドの原石があちこちに転がっている。東淀川はそんな、"おもろいまち"です。

大阪春秋　在庫一覧

第115号 特集「中之島の魅力」
付録：「大阪市商工地図」 2 （大正 12 年発行）
第116号 特集「続・上町台地の魅力」
付録：「大阪市商工地図」 3 （大正 12 年発行）
第117号 特集「おおさかの私塾」
付録：「大阪市商工地図」 4 （大正 12 年発行）
第118号 特集「大阪物見遊山」
付録：「空襲罹災地域図」（昭和 20 年 3 月 13 日・14 日）
第121号 特集「大阪の酒」
付録：戦時「生活必需品小売公定価格表」
第123号 特集「上方落語」
付録：大正 8 年版「大阪落語演題見立番付」
第124号 特集「寺町」
付録：内務省大阪実測図のうち東半
第127号 特集「おおさか異色人物伝」
付録：普仏戦争略記パノラマ セダンノ戦 （明治 24 年）
第128号 特集「近代大阪の出版事情」
付録：道頓堀ニュース（昭和 4 年）
第133号 特集「心斎橋・島之内」
付録：大阪心斎橋 大丸呉服店 日本女装沿革雙六（大正 2 年）
第136号 特集「観光都市おおさか」
付録：大阪名所案内（明治 36 年頃）
第137号 特集「大阪と奈良 平城遷都 1300 年によせて」
付録：大軌電車沿線名所図絵 吉野電車沿線案内（昭和 2 年）
第140号 特集「大阪と博覧会」
付録：第五回内国勧業博覧会会場鳥瞰写真・会場案内図・平面之図
第141号 特集「没後 80 年 小出楢重」
付録：創立 15 周年記念 夕刊大阪新聞付録 大大阪区勢地図（西区）
第142号 特集「すみよし ～住吉大社 1800 年～」
付録：創立 15 周年記念 夕刊大阪新聞付録 大大阪区勢地図（住吉区）
第145号 特集「300 年ぶりに自筆本発見！ その名は『都の錦』」
付録：平野著名商店双六（昭和 12 年 1 月元旦 小林新聞舗発行）

第146号 特集「ディープサウス～天王寺・新世界・新今宮・阿倍野界隈～」
付録:第五回内国勧業博覧会観覧必携 大阪全図 (明治35年発行)
第147号 特集「おおさかの郷土玩具」
付録:高橋狗佛「地方古代玩具大番附表」(大正13年製作)
第148号 特集「大正ロマンの画家・宇崎純一」
付録:宇崎純一画「幼年雑誌フタバ世界旅行双六」
第151号 特集「奥河内の今昔物語」
付録:長野付近名勝旧跡案内地図 (明治44年)
第152号 特集「大阪に生きるオダサク 織田作之助生誕100年」
付録:創立15周年記念 夕刊大阪新聞付録 大大阪区勢地図 (南区)
第154号 特集「国民学校と学童集団疎開70年」
付録:「決戦画報」(抜粋) 福智仁剛氏作成 (昭和19～20年)
第155号 特集「没後25年 回想の藤澤桓夫 ―大阪文壇の大御所」
付録:南海ホークス日本一～南海沿線誌『ミナミ』1959年ダイジェスト～
第156号 特集「河内人の足おと」
付録:発足70周年 近畿日本鉄道路線図 (昭和19年発行)
第157号 特集「西宮ツーリズム まちたび事始め」
付録:吉田初三郎画「西宮市鳥瞰図」(昭和27年発行)
第158号 特集「大坂の陣400年」
付録:かわら版「大坂卯年図」「大坂安部之合戦之図」
第159号 特集「戦後70年」
付録:日本語の教化政策新聞「ニツポンゴ」(マニラ新聞社発行)
第160号 特集「大東 ―この地はかつて〈首都〉であった―」
付録:「飯盛城跡 縄張図」+山本ゾンビ作画「飯盛城想像鳥瞰図」
第161号 特集「帝塚山モダニズム ―花咲いたモダン大阪の文化圏―」
付録:「南海電車名所案内」(大正3年)+「南海沿線案内」(大正6年)
第162号 特集「池の文化香るまち 大阪狭山」
付録:「南海電気鉄道沿線案内」(昭和42年頃)
第163号 特集「軍都おおさか ―71年目の戦争遺跡―」
付録:大阪防衛部隊配備要図・防空監視隊配備要図(昭和3年)
第164号 特集「〝なんかおもろい〟まち 東淀川」
付録:創立15周年記念 夕刊大阪新聞付録 大大阪区勢地図(東淀川区)